**DOCES HISTÓRIAS
PORTUGUESAS**
COM PITADAS DE EÇA

ANA ROLDÃO

DOCES HISTÓRIAS PORTUGUESAS
COM PITADAS DE EÇA

Editora Senac Rio – Rio de Janeiro – 2025

Doces histórias portuguesas com pitadas de Eça © Ana Maria Roldão, 2025.

Direitos desta edição reservados ao Serviço Nacional de Aprendizagem Comercial – Administração Regional do Rio de Janeiro.

Vedada, nos termos da lei, a reprodução total ou parcial deste livro.

Senac RJ

Presidente do Conselho Regional
Antonio Florencio de Queiroz Junior

Diretor Regional
Sergio Arthur Ribeiro da Silva

Diretora Administrativo-financeira
Jussara Alvares Duarte

Assessor de Inovação e Produtos
Claudio Tangari

Editora Senac Rio
Rua Pompeu Loureiro, 45/11º andar
Copacabana – Rio de Janeiro
CEP: 22061-000 – RJ
comercial.editora@rj.senac.br
editora@rj.senac.br
www.rj.senac.br/editora

Publisher: Sergio Arthur Ribeiro da Silva
Coordenação editorial: Cláudia Amorim
Prospecção: Manuela Soares
Coordenação administrativa: Vinícius Soares
Coordenação comercial: Alexandre Martins

Preparação de originais/copidesque/revisão de texto: Laize Oliveira

Projeto gráfico de capa e miolo/diagramação: Julio Lapenne

Fotografia: Luna Garcia

Impressão: Coan Indústria Gráfica Ltda.

1ª edição: março de 2025

CIP-BRASIL. CATALOGAÇÃO NA PUBLICAÇÃO
SINDICATO NACIONAL DOS EDITORES DE LIVROS, RJ

R649d

    Roldão, Ana
        Doces histórias portuguesas com pitadas de Eça / Ana Roldão. - 1. ed. - Rio de Janeiro : Ed. SENAC Rio, 2025.
        216 p. ; 18 cm.

        Inclui bibliografia e índice
        ISBN 978-85-7756-532-0

        1. Culinária portuguesa. 2. Confeitaria. 3. Hábitos alimentares - Países de língua portuguesa. I. Título.

25-96004
        CDD: 641.509469
        CDU: 641.85(469)

Gabriela Faray Ferreira Lopes - Bibliotecária - CRB-7/6643

Este livro dedico à minha avó, Cacilda Roldão (*in memoriam*), e à minha mãe, Maria Susana Roldão (*in memoriam*), os grandes amores da minha vida, que me ensinaram que a mesa é um lugar de partilha, de afeto e de amor.

Ao meu avô, Gualdino Roldão (*in memoriam*), que me ensinou a apreciar a gastronomia Portugal afora.

Ao meu pai, José, e ao meu irmão, José Manuel, por partilharmos a mesa e as receitas familiares.

Aos "irmãos" que a vida me deu, Cristina Coelho dos Santos e Thiago Henrique Tondineli, por sempre me incentivarem a prosseguir na caminhada!

*Isto, filhos, a poesia e
a cozinha são irmãs!*

Eça de Queiroz, em *Os Maias*

SUMÁRIO

PREFÁCIO 11

AGRADECIMENTOS 13

APRESENTAÇÃO 15

INTRODUÇÃO 17

Capítulo 1
A ANCESTRALIDADE E O AMOR DE AVÓ E NETA:
O BAÚ DA AVÓ CACILDA! 21

Capítulo 2
AFETOS E O PECADO DA GULA 73

Capítulo 3
ENTRE O CÉU E A TERRA: CONVENTOS, FREIRAS,
ABADES E O SEGREDO DOS OVOS 127

Capítulo 4
TRADIÇÕES E RITUAIS... O DOCE NUNCA AMARGOU 163

BIBLIOGRAFIA 213

ÍNDICE DE RECEITAS 215

PREFÁCIO

Admiração foi o sentimento que tive, ao ouvir o nome de Ana Roldão das primeiras vezes. Afinal, ela era uma historiadora portuguesa – formada pela Universidade Autónoma de Lisboa Luís de Camões – que cozinhava muito e ainda desvendava detalhes históricos sobre os alimentos e a arte da mesa, que ficaram no tempo.

Enfronhada na gastronomia atual pelo exercício do jornalismo, eu sonhava em descobrir melhor a trajetória da alimentação, elo fundamental na construção de nossas sociedades. Por isso, fui ter aulas de história da alimentação com a Ana e, dali, nasceu a amizade. Passei, então, a acompanhar essa historiadora, que escolheu o Rio de Janeiro para cursar um MBA em Marketing, na PUC, e se especializar em Marketing Cultural, na Universidade Cândido Mendes, enquanto entendia, no caminho, que era no Brasil que desejava viver.

São anos vendo Ana se dividir entre a cozinha e o compartilhar de conhecimento: ora em projetos que juntam literatura ou história à refeição; ora servindo aos amigos delícias com que topou em algum recanto. Ou, ainda, gargalhando com seu olhar apurado e palavras afiadas que nos fazem repensar, por meio de caricaturas mentais, as mais diversas situações.

Ana Roldão carrega uma sabedoria revelada à beira do fogão. Falo de receitas que aprendeu com a avó Cacilda; dos pratos que preparou ao lado da mãe, Maria Susana; e dos ensinamentos colhidos com Maria Grande, a cozinheira da casa. Mas falo ainda de uma forma feminina na arte de enfrentar a vida – e seus sabores e dissabores –, vivências caladas, sem lugar público e compartilhadas na intimidade de copas e cozinhas.

Nos mais de 60 doces reunidos neste livro, percebo um fio que não identificamos onde começou, com mulheres passando adiante uma receita, como quem coloca uma carta dentro de uma garrafa: destinada a uma posteridade incerta, mas cheia de esperança.

Em capítulos muito bem recheados, a autora abre espaço para suas memórias – tudo equilibrado, como pede o paladar – e tempera com trechos literários. Então, nos reencontramos com Eça de Queiroz dispondo seu olhar genial sobre a mesa. E com as pinceladas do cotidiano, na literatura ou nas doces histórias das casas, está aqui celebrada – para um sempre possível – certa forma de viver portuguesa.

Maria Helena Esteban
Jornalista e curadora de gastronomia

AGRADECIMENTOS

Agradeço aos meus amigos, Célia Tondineli, Guida Vilela, Inês Font, Madalena Avelar, Nuxa Frazão e Pedro Martinho, pelas receitas e adaptações de receitas deste livro.

À minha querida amiga Tixa Neiva Correia, pela receita neste livro e pelas inúmeras conversas sobre gastronomia, história da alimentação e artes da mesa, que me deram embasamento para muito do que está escrito aqui.

À minha querida amiga Gisela Abrantes e ao Osvaldo Gorski, por acreditarem que eu poderia fazer um bom livro de histórias e doces, e por me incentivarem a fazê-lo.

Às minhas queridas Daniele Paraiso e Manuela Soares, que pacientemente aguardaram os textos e acreditaram no projeto.

A toda a equipe da Editora Senac Rio, por se dedicar com esmero a fazer este livro.

À Luna Garcia, minha fotógrafa querida, minha gratidão e minha admiração por todo o empenho nas fotos deste livro. E também à sua equipe: Denise Gershman, Clarinha, Luana Budel, Janaína, Keila, e a todos os colaboradores do Estúdio Gastronômico, que fizeram com que as imagens deste livro fossem ainda mais bonitas.

Meu agradecimento também às minhas queridas confeiteiras de mão-cheia, Lucia Helena Marques, Cinara Cesar, Suely Pimentel de Almeida e Monike Fernandes, pela produção das receitas deste livro.

Agradeço à minha querida amiga Maria Helena Esteban pelo prefácio deste livro e pelas noites sem dormir revisando e comentando as receitas. Nos momentos em que eu quis desistir de tudo, você não me deixou, me pegou pela mão e me injetou ânimo para prosseguir.

Meu agradecimento a Bernardo Barreiros Cardoso, pelo lindo texto da quarta capa do livro.

Sou grata também à querida Morgana Bastos pelas lindas flores do arroz-doce de Santo Antônio.

Meu enorme agradecimento à Fazenda União (Rio das Flores – RJ), pela hospedagem da equipe de produção e de fotografia e por disponibilizar o local como cenário das belíssimas fotos deste livro. A Mario Vasconcelos e Camila Carrara, deixo minha gratidão eterna por sempre me apoiarem.

Meu enorme agradecimento à Fazenda do Paraizo (Rio das Flores – RJ), pelos cenários para as fotos deste livro. Simone Botelho e Paulo Roberto Belfort: a vocês, a minha gratidão eterna por sempre me apoiarem. E a Simone Botelho, em especial, por fazer algumas das receitas deste livro.

Muito obrigada, minha querida Yolanda Barros Barreto, por sempre estar atenta e pronta a me incentivar nos momentos mais difíceis.

Sou grata também à minha querida Laura Lacombe Goes, por ter me ajudado a despertar o interesse pela comida do afeto, poucos anos depois de eu ter chegado ao Brasil.

Ao querido Pedro Tinoco, muito obrigada pela leitura e revisão das "portuguesadas raiz", sempre me ajudando nesse bate e volta e me dando força para o meu texto ficar mais bonito.

Às minhas amigas Lorena Filgueiras e Silvia Rezende, pelo apoio de sempre e pela força que me dão para continuar.

À Cristina Coelho dos Santos, por sempre estar me incentivando nesta caminhada, mesmo a distância.

E ao irmão que a vida me deu, Thiago Henrique Tondineli, por estar sempre ao meu lado, dando força na minha jornada e compartilhando a mesa todos os dias comigo.

A todos, muitíssimo obrigada!

APRESENTAÇÃO

Este livro foi fruto de muitas conversas e pensamentos. Ele se "desviou" um pouco do início do que eu tinha pensado. Como pesquisadora de alimentação, sempre achei que esta obra ia contar histórias de reis e rainhas, mas depois de uma "pandemia" eu vi como a comida é um modo de afeto tão importante para afagar as pessoas e lhes despertar sensações. A cozinha portuguesa é uma das bases da gastronomia do Brasil, e percebi o fascínio que as pessoas têm pelos nossos doces – além do espanto também, pela quantidade de gemas que a maioria deles leva!

Sempre, além de historiadora e pesquisadora de história da alimentação, fui uma contadora de histórias e percebi o interesse que isso suscitava nas pessoas. Este é o segundo livro que publico – o primeiro, a convite da minha querida Luciana Fróes, contava a história da alimentação no Rio de Janeiro. Agora, além de apresentar os doces portugueses, eu trago uma história da minha família para contar o trajeto dos doces em Portugal. Tudo isso com o tempero inconfundível das citações de Eça de Queiroz, o autor de língua portuguesa que mais escreve sobre comida nas suas obras e elucida, por meio de sua literatura, a história da alimentação e das artes da mesa na sua época.

Não poderia ser diferente. *Doces histórias portuguesas com pitadas de Eça* trata de afetos, amor, receitas, história e partilha à mesa. Trago aqui receitas de família, de amigos queridos que ao longo da vida partilham a mesa comigo e preparos que falam da nossa cultura culinária portuguesa.

INTRODUÇÃO

Está tão boa que parece que foi cozida em água benta!

Eça de Queiroz, em *O Crime do Padre Amaro*

Nos dias de hoje, platitudes precisam ser reafirmadas. Uma delas: a comida é essencial à vida. E, mesmo indispensável, segue nos encantando através dos tempos, com sabores, aromas, visual, texturas... e histórias. Sim, muitas histórias! As receitas reunidas neste livro, e tudo o que foram aglutinando nas páginas a seguir – nos campos das memórias e da literatura, por exemplo –, são fruto de pesquisa, estudos, ensinamentos da minha avó e da minha insaciável curiosidade pela cozinha. *Doces histórias portuguesas com pitadas de Eça* fala de vivências, experiências, memórias gustativas e afetivas, além do meu apreço por panelas, frigideiras, sabores e o "meter a mão na massa".

Desde pequena, ouvia: "Cuidado, Ana Maria, vais te queimar". Eu, rapidamente, respondia: "Não, vó, eu vou fazer com cuidado". O sorriso cúmplice servia de sinal verde. Eu continuava, com Maria Grande, a cozinheira lá de casa, de olho em mim. Volta e meia ela dizia: "Menina, tome cuidado", e eu acenava com a cabeça com um ar de felicidade plena, sabendo que Maria também era minha cúmplice de estripulias na cozinha.

Sempre foi assim: eu amo cozinhar, admiro as receitas e sua origem, a alquimia na mistura dos ingredientes e o amor guardado em cada colherada de tempero. No princípio, só me dedicava ao estudo da cozinha de majestades reais e imperiais de Portugal e do Brasil – um prato cheio, convenhamos, para pesquisas, descobertas e degustações. Mas minhas memórias me levaram também para a cozinha do afeto, para o baú das receitas da avó Cacilda. Mergulhei nesse universo ao compilar todo um patrimônio familiar culinário, engrandecido pelas contribuições de amigos queridos.

Acontece que nasci em Portugal. Somaram-se então histórias de palácios e conventos. Tachos de doces de ovos são a minha perdição: minha avó passava horas a fio me contando histórias e ensinando a fazer caldas que tinham que ficar brilhantes. Doces foram a minha primeira paixão culinária (já disse que nasci em Portugal?). Puxam, como uma colher saída do tacho, lembranças cristalizadas pelo afeto.

Também saem da cozinha histórias, frases e citações temperadas nas mentes de escritores e poetas que, sensíveis que são, sempre souberam como a inspiração fermenta à beira do fogão. Não por acaso, o meu autor preferido ajudou a dar a "cara" deste livro. Eça de Queiroz registrou na sua obra saborosos costumes do comer e beber de seu tempo, tornando a leitura da sua obra uma aventura irresistível por cozinhas, mesas e salões do passado!

"Isto, filhos, a poesia e a cozinha são irmãs!" (Queiroz, 1888, p. 330), afirma ele no clássico *Os Maias*. Eça nunca negou que, de certo modo, enxergava o mundo, suas dores e delícias, fundamentado em um lugar à mesa. No artigo "Cozinha arqueológica", publicado no livro *Notas contemporâneas*, o autor disserta:

Diz-me o que comes, dir-te-ei quem és. O caráter de uma raça pode ser deduzido simplesmente do seu método de assar a carne. Um lombo de vaca preparado em Portugal, em França, ou Inglaterra faz compreender talvez melhor as diferenças intelectuais destes três povos do que o estudo das suas literaturas. (Queiroz, 1913, p. 318-320)

Eça foi um ícone do realismo português, o que explica em parte a presença ostensiva de comida em suas obras – em descrições vívidas das quais quase se sente o cheiro. O escritor também tinha seus balcões e cozinhas de estimação, como prova a menção a estabelecimentos verdadeiros em sua obra ficcional. "Os alimentos e as bebidas nos romances de Eça de Queiroz valem por si mesmos: mencionam-se e louvam-se os pratos, degusta-se o bom vinho que os acompanha, o leitor encanta-se com a descrição da mesa e compartilha o prazer dos convivas" (Berrini, 2014, p. 6), escreveu Beatriz Berrini.

Vamos seguir nesta viagem?
Tim-tim!

CAPÍTULO 1

A ANCESTRALIDADE E O AMOR DE AVÓ E NETA: O BAÚ DA AVÓ CACILDA!

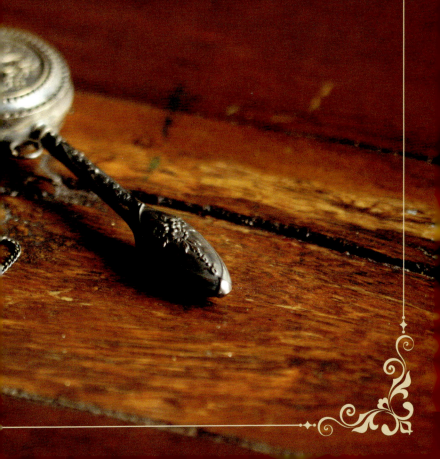

Aancestralidade nos fala sobre cultura, hábitos, crenças, rituais e afetos: é como uma grande árvore que brota na natureza, com as suas raízes fincadas na terra! Os nossos ancestrais são a nossa força, nos mostram quem nós somos e por que somos, contam a nossa história e nos guiam com os seus ensinamentos.

A avó Cacilda representava a figura sábia da família, era a mão que me guiava, a voz que me falava, os braços que me enlaçavam e o colo disponível sempre para mim! Na mesa e na cozinha, ela partilhava sabores, cheiros e histórias. A mesa sempre foi em nossa casa um lugar de afetos, onde se degustavam as receitas que eram pesquisadas pela minha avó, muitas já preparadas e provadas por sua mãe e sua avó.

O baú da avó Cacilda era uma lata de biscoitos em folha de flandres com um "rótulo" apagado e as extremidades um pouco enferrujadas, que ela não deixava ninguém mexer, só a minha mãe, sua filha. Dentro da famosa lata, que era tratada como um porta-joias, havia umas fotos que estavam ali por engano e um monte de papéis amarelados com manchas de cozinha – que algum desavisado sujou quando usou para fazer alguma das receitas... e levou uma bronca, com certeza!

Tudo guardado lá dentro era precioso como uma joia! É verdade que minha avó sempre gostou de joias de adorno, mas esses escritos eram suas relíquias de família e mexiam com as sensações e com os ânimos de todos nós. O baú de receitas da avó Cacilda representava o afeto e cuidado dela conosco. Afinal, como escreveu o autor Mia Couto, "Cozinhar é um modo de amar os outros" (COUTO, 2009, p. 125). E o ato de comer, além de cultural, fala da maneira como nos relacionamos com os outros e com o mundo.

As receitas deste capítulo são todas escolhidas com base nas memórias afetivas da minha família e especialmente da minha avó! Eu trago, inclusive, nesta seção o preparo dos ouriços bebês: a primeira receita que fiz na vida – tirada do meu primeiro livro de culinária –, incentivada pela minha avó.

Os ovos-moles, o travesseiro de noiva e as farófias lembram S. Pedro de Moel, a praia, o mar e a minha casa: sempre associei esses doces ao verão. Lembro que, quando criança, eu era muito gulosa, e como os ovos-moles eram servidos polvilhados com amêndoas torradas em tacinhas de vidro muito pequeninas, eu ficava sonhando com porções maiores, ao que minha avó, educando-me, dizia que a porção era pequena porque o doce era muito "forte". Trocando em miúdos: era muito doce e engordava muito. Outras sobremesas também foram muito marcantes: a torta de maçã era sem palavras de tão boa e o toucinho do céu que "desandou" e virou outra receita, só a minha avó conseguia fazer.

A hora do chá era sagrada lá em casa com a avó Cacilda: o ritual se cumpria às 17 h, sempre com madeleines, ou bolachinhas de amêndoas, ou o fofíssimo bolo de limão, ou os suspiros... Ela pedia que eu não adoçasse o chá, pois os suspiros já eram muito doces. Eu abanava a cabeça em sinal de confirmação, mas bastava uma pequena distração dela e eu colocava açúcar no chá. Acho que ela percebia esses meus pequenos "malfeitos". Inclusive, a minha avó sempre pedia que não houvesse exageros em nada, inclusive à mesa, na quantidade de comida ou de doces. Tinha a percepção exata da alimentação já naquela época.

Ainda sobre as "farras" gastronômicas lá de casa, havia os sonhos de cenoura ou os filhoses, acompanhados de um vinho do Porto. Embora o sabor ainda me fosse proibido, pois estes eram só para os adultos, eu já achava o cheiro bom!

Havia também o salame de chocolate que, apesar de não ter sido uma preferência da minha avó, eu amava, e ela sempre pedia para fazerem para mim e para meu irmão. Não posso deixar de falar no pudim de ovos e coco, que cheirava a Natal e não faltava na nossa mesa. Este, a Gracinda fazia com maestria! Mas como todos da minha família gostavam de laranjas, algo muito português, também não podia faltar a versão do pudim com laranjas.

E o que dizer do molotov, outro pudim sempre com doce de ovos, do qual a minha mãe gostava muito?! Eu já preferia o pudim de claras ou montanha-russa, que não levava caramelo... mas sempre prevalecia a receita com caramelo.

Lá vem a laranja de novo para a nossa mesa: além da torta de laranja ser quase um ex-líbris da doçaria portuguesa, a versão encontrada no baú da avó Cacilda é imperdível!

Às receitas de casa, juntavam-se algumas que eram compradas: foi o caso do pão de ló de Alfeizerão, que na minha receita virou uma guloseima para se comer de colher. Sempre achei que era a melhor maneira de se degustar a receita original, com o seu interior quase líquido, quase pecaminoso.

E, para terminar, recordo-me dos jantares de família, em que não podiam faltar o bolo de ananás[1] do meu pai – o preferido dele –, a torta de caramelo e os coscorões, que a minha mãe amava!

Enfim, este capítulo é puro amor, afeto e cumplicidade entre avó e neta. Salve, avó Cacilda!

---

1 Vocábulo usado em Portugal para referir-se ao abacaxi.

AMÊNDOAS DO CÉU
(A história da receita que desandou)

Em um dia de testes de receitas em Petrópolis eu queria fazer uma sobremesa especial com minha fiel escudeira, Fifi, exímia cozinheira mineira que trabalhava comigo no Museu Imperial: o toucinho do céu da avó Cacilda. Dia de testes é sempre exaustivo. Fizemos a primeira receita. Não deu certo, desandou tudo. Repetimos umas seis vezes e não conseguíamos fazer o toucinho do céu. Ficava mole, impossível de desenformar, parecia uma bolacha. Entrei em desespero, o que resultou no seguinte diálogo:

– Vamos desistir, Fifi, não dá mais! – eu disse.

Ao que ela olha para mim e diz:

– Dona Ana, a senhora já provou este doce?

– Fifi, pelo amor de Deus, como eu vou provar isto? É uma bolacha, está um horror!

– Vamos esperar esfriar e provar? – insiste ela, calmamente.

– Ok. – respondi, com um ar desanimado.

O doce esfriou, ela provou, voltando-se para mim com os seus olhos cor de jabuticaba brilhando, e exclamou:

– A senhora vai amar!

Ri de nervoso, e quando coloquei o doce na boca fiquei impactada: era o sabor do toucinho do céu da minha avó. As memórias afetivas das datas festivas em minha casa surgiram na minha cabeça como um turbilhão: a avó Cacilda, aquelas mesas muito bem postas, com as toalhas alvas de linho, bonitos pratos de porcelana e travessas reluzentes de prata que vinham à mesa com toda a espécie de iguarias! Mas o que eu estava vendo era um "bolachão" de amêndoas. Voltei para a realidade, mas o sabor da receita já estava dentro de mim.

Eu e Fifi fomos "acertando" a receita, e um dia ela olha para mim e diz:
– Dona Ana, sabe que eu estou gostando desse formato de bolachões?
– Sabes que eu também, Fifi? – respondi rapidamente.

Rimos bastante e o toucinho do céu da avó Cacilda virou um disco de amêndoas maravilhoso. Sempre a avó Cacilda lá no céu fazendo as suas peripécias para me ajudar!

INGREDIENTES

CALDA

- 220 ml de água
- 500 g de açúcar

MASSA

- 2 ovos
- 16 gemas de ovos
- 150 g de amêndoa sem pele
- 2 colheres (sopa) de manteiga (para untar)
- 2 colheres (sopa) de farinha de trigo (para enfarinhar)
- 4 colheres (sopa) de açúcar de confeiteiro (para finalizar)

UTENSÍLIOS

- 12 fôrmas baixas de quiche

MÃOS À OBRA

CALDA

Primeiro, coloque uma panela com água e açúcar em fogo brando. Deixe a mistura ferver durante quatro minutos, até que se torne uma calda. Então, retire do fogo e reserve.

MASSA

Comece o preparo batendo os ovos junto com as gemas até ficar homogêneo. Em seguida, passe a mistura por um coador de rede e reserve. No processador, pique as amêndoas. Depois, pegue a calda de açúcar, acrescente os ovos batidos e as amêndoas picadas, envolvendo-os aos poucos, e mexa bem. Na sequência, leve novamente ao fogo, mexendo sempre, até levantar fervura. Então, retire a massa do fogo. Feito isso, unte as fôrmas com manteiga, cubra com papel-manteiga, untando também a superfície do papel. Em seguida, polvilhe com farinha de trigo. Depois, preencha as forminhas com o preparado e leve ao forno preaquecido, a 180 °C, para assar durante 30 a 35 minutos. Retire do forno, desenforme ainda quente, espere esfriar e finalize polvilhando açúcar sobre o doce.

BOLACHAS AMANTEIGADAS DE AMÊNDOAS

Pôs-se a tocar um Noturno de Chopin. Jorge sentara-se no sofá ao pé de Luísa.

– Já tens pronto o teu farnelzinho! – disse-lhe ela.

– Bastam umas bolachas, filha. O que quero é o cantil com conhaque.

Eça de Queiroz, em O primo Basílio

INGREDIENTES

- 3 ovos
- 500 g de manteiga
- 2 xícaras (chá) de açúcar
- 1 kg de farinha de trigo com fermento
- 200 g de amêndoa triturada
- Manteiga (para untar)
- Açúcar a gosto (para polvilhar)

MÃOS À OBRA

Em uma vasilha, coloque os ovos, a manteiga, o açúcar, a farinha de trigo com fermento e as amêndoas trituradas e misture até obter uma massa homogênea. Em seguida, abra a massa com um rolo e, depois, corte no formato desejado. Então, arrume os biscoitos em um tabuleiro untado e asse em forno preaquecido, a 180 °C, até ficarem douradas. Por último, retire do forno e polvilhe com açúcar.

BOLO DE ANANÁS DO MEU PAI

Meu pai sempre amou esse bolo de ananás, pois a fruta o faz lembrar da África, continente onde serviu quando fazia parte da Força Aérea Portuguesa. Lembro-me de vê-lo entrar em casa com aquela farda lindíssima e me falar que também sabia fazer doces, mas que o bolo de ananás da avó Cacilda era inigualável!

INGREDIENTES

- 6 ovos
- 200 g de manteiga
- 200 g de açúcar
- 2 colheres (sopa) de leite
- 250 g de farinha de trigo peneirada
- 2 colheres (chá) de fermento
- 250 g de açúcar queimado (para forrar a fôrma)
- 1 lata de abacaxi em calda

UTENSÍLIO

- 1 fôrma de furo no meio

MÃOS À OBRA

Separe as gemas das claras e reserve-as. Na batedeira, junte a manteiga com açúcar e bata até obter um creme. Feito isso, desligue o aparelho, junte as gemas ao creme e misture delicadamente. Em seguida, acrescente o leite, a farinha de trigo e o fermento, mexa até estar incorporado e reserve. Depois, bata as claras em neve e as envolva com delicadeza ao preparado anterior. Então, forre uma fôrma com açúcar e leve-a ao fogo até fazer um caramelo. No fundo da fôrma, distribua as rodelas de abacaxi e, em seguida, preencha com a massa. Para finalizar, asse a massa em forno preaquecido a 180 °C até que o bolo esteja dourado. Desenforme-o ainda quente.

COSCORÕES
(O doce preferido da minha mãe!)

Trata-se de um doce das regiões das Beiras e do Alentejo. É uma receita com presença obrigatória na mesa de Natal. Os portugueses ritualizam muito os hábitos e sempre preservam as tradições. Como filha de alentejano, era uma tradição da nossa família e se tornou o doce preferido da minha mãe, que gostava de acompanhar os coscorões com uma taça de vinho do Porto. Pouco se conhece sobre a origem dessa sobremesa, mas alguns historiadores defendem que é um doce mourisco trazido pelos cruzados.

INGREDIENTES

MASSA

- Sal a gosto
- 100 ml de água morna
- 10 g de fermento de pão
- 1 kg de farinha de trigo com fermento
- 2 ovos
- Suco de 1 laranja
- 125 g de manteiga
- 100 ml de aguardente

CALDA

- 250 g de açúcar
- 200 ml de água
- Canela em pó a gosto

FINALIZAÇÃO

- Açúcar a gosto
- Canela em pó a gosto

MÃOS À OBRA

MASSA

Em uma vasilha, dissolva um pouco de sal na água morna, acrescentando em seguida o fermento e 200 g de farinha de trigo com fermento. Então, amasse até obter uma massa rija. Feito isso, deixe-a fermentar por uma hora. Depois, em outra vasilha, junte a farinha de trigo restante, os ovos, o suco da laranja, a manteiga e a aguardente e amasse. Quando estiver tudo bem envolvido, acrescente a massa fermentada reservada e volte a amassar bem, até obter uma mistura homogênea. Reserve a massa novamente e deixe fermentar por 30 minutos. Passado esse intervalo, com um rolo, estique a massa até ficar fina. Então, com uma carretilha, corte retângulos (de 8 cm de largura por 10 cm de comprimento), dando uns cortes no meio dos retângulos. Por último, frite em óleo bem quente.

CALDA

Em uma panela, coloque açúcar, água e canela. Deixe ferver até obter uma calda.

FINALIZAÇÃO

Você pode finalizar os coscorões com ou sem a calda. Quem preferi-los mais molhadinhos, depois de fritos, deve molhá-los na calda e, em seguida, passar em uma mistura de açúcar com canela. Outra opção é, depois de fritos, passar diretamente na mistura de açúcar com canela.

FARÓFIAS

Nuvens de puro deleite... é como eu vejo e sinto este doce!

INGREDIENTES

- 10 ovos
- 350 g de açúcar
- 1,5 litro de leite integral
- 2 tiras de casca de limão
- 2 colheres (sobremesa) de amido de milho
- Canela em pó o quanto baste (para polvilhar)

MÃOS À OBRA

Comece o preparo reservando as gemas após separá-las das claras. Em seguida, bata as claras em neve até estarem bem firmes. Sem desligar a batedeira, junte 100 g de açúcar, bata até obter uma mistura firme e reserve. Depois, em uma panela, coloque o leite, o restante do açúcar e as cascas de limão e leve ao fogo. Quando começar a ferver, abaixe o fogo para que siga fervendo e vá acrescentando, a colheradas, as claras batidas anteriormente, virando dos dois lados para que cozinhe rapidamente. Com uma escumadeira, vá retirando as farófias (claras cozidas) e colocando em uma peneira para escorrer. No leite do cozimento, adicione o amido de milho dissolvido em um pouco de leite, acrescente as gemas, misture-os e leve de novo ao fogo, mexendo sem parar (para cozinhar as gemas e engrossar um pouco), fazendo um creme (se necessário, adicione mais um pouco de açúcar). Sirva as farófias em uma travessa funda, cobertas com o creme e polvilhadas com canela.

FOFO DE LIMÃO

Frescor que derrete na boca. Foi com esse bolo que eu aprendi a tomar o chá das 5 com a minha avó! Ela me ensinava as regras de etiqueta e boas maneiras à mesa: como arrumá-la, a ordem dos talheres, dos pratos e dos copos, como "vesti-la", como me comportar... e eu ficava fascinada!

INGREDIENTES

- 300 g de manteiga
- 3 xícaras (chá) de açúcar
- 6 ovos
- 1 iogurte natural integral (160 g)
- 3 xícaras (chá) de farinha de trigo
- 1 colher (sopa) de fermento em pó
- 1/2 xícara (chá) de suco de limão-siciliano
- Manteiga (para untar)
- Farinha de trigo (para polvilhar)
- Açúcar de confeiteiro (para polvilhar)
- Fios de casca de limão-siciliano (para decorar)

UTENSÍLIO

- 1 fôrma de bolo decorativa

MÃOS À OBRA

Na batedeira, junte a manteiga com o açúcar e bata muito bem, até ficar um creme lisinho. Mantendo a batedeira ligada na velocidade baixa, acrescente os ovos aos poucos e, por fim, o iogurte. Desligue a batedeira e, delicadamente, agregue a farinha de trigo e o fermento peneirados, alternando com o suco de limão e mexendo com um fouet até obter uma massa homogênea. Depois, unte a fôrma com manteiga, polvilhe com farinha de trigo e preencha com a massa. Então, asse-a em forno preaquecido à 180 °C até que esteja dourada. Em seguida, retire do forno e deixe esfriar. Por último, desenforme e polvilhe açúcar de confeiteiro e fios de limão-siciliano sobre o bolo.

MADALENAS
As minhas madeleines de Proust

Madalena era o meu "pequeno almoço".[2] Comia diariamente, a caminho da faculdade. "Um café e uma madalena", gritava o atendente do café assim que eu entrava. No chá das 5, que a avó Cacilda tomava religiosamente todos os dias, sempre que tinha madalena era um deleite: para a avó e para a neta!

A madalena é a famosa madeleine eternizada na literatura de Marcel Proust, doce em formato de concha, de origem francesa ou polonesa. Em Portugal, nos cafés, essa sobremesa ganha formato de empada.

Alguns historiadores de alimentação afirmam que as madeleines surgiram para agradar a Stanislaw Leszczyński, ex-soberano da Polônia. No ano de 1755, em um jantar real, foi servido o bolinho que derrete na boca e deixou todos inebriados com seu sabor e textura. Tal foi a satisfação do rei que a iguaria foi nomeada em homenagem à confeiteira que a fez: Madeleine Paulmier. Quando a filha do rei, Maria Leszczyńska, se casou com o rei Luís XV da França, levou a receita no seu "dote". Por isso, os franceses afirmam que a madeleine é invenção deles.

---

2   Vocábulo usado em Portugal para referir-se ao café da manhã.

INGREDIENTES

- 4 ovos
- 1 xícara (chá) de açúcar
- 1 xícara (chá) de farinha de trigo com fermento
- 1 pitada de sal
- 1 colher (chá) de essência de baunilha
- 100 g de manteiga
- Manteiga (para untar)
- Açúcar de confeiteiro a gosto (para finalizar)

UTENSÍLIOS

- 20 forminhas para madeleines

MÃOS À OBRA

Na batedeira, junte os ovos e o açúcar e bata por cinco minutos. Depois, desligue-a e acrescente a farinha de trigo, o sal e a essência de baunilha, mexendo com um fouet. Finalize o processo acrescentando a manteiga derretida e misturando manualmente até se tornar uma massa homogênea. Em seguida, unte as forminhas com manteiga e preencha com a massa. Então, asse em forno preaquecido a 180 °C, por 10 a 12 minutos. Por último, desenforme e, no prato de servir, polvilhe açúcar de confeiteiro.

"MOLOTOV" COM OVOS-MOLES

"Molotov" ou "Malakoff" é um pudim superfofo, lindo e altivo, pertencente às memórias gulosas da minha infância como doce cativo da nossa mesa do final de semana. Sua origem é incerta e está relacionada às passagens da Guerra da Crimeia (1853-1856). Malakoff foi o nome dado à torre que protegia a cidade de Sebastopol à época. Já molotov designa o artefato explosivo batizado com o nome de seu criador. Na guerra, essa arma era ironicamente apelidada de "cestos de pão molotov" – o que explica essa conexão culinária.

Da crueza e da carência da guerra emerge mais uma receita boa e barata. No caso de Portugal, a abundância de claras que sobravam das receitas de doces de ovos também serviu de empurrãozinho para o preparo.

INGREDIENTES

OVOS-MOLES
- 1 1/2 xícara (chá) de água
- 300 g de açúcar
- 60 g de farinha de arroz
- 1 xícara (café) de água (para dissolver a farinha de arroz)
- 8 gemas

CARAMELO
- 1 xícara (chá) de água
- 10 colheres (sopa) de açúcar

PUDIM
- 12 claras
- 200 g de açúcar
- Manteiga (para untar a fôrma)
- Farinha de trigo (para polvilhar a fôrma)

UTENSÍLIO
- 1 fôrma grande de buraco no meio

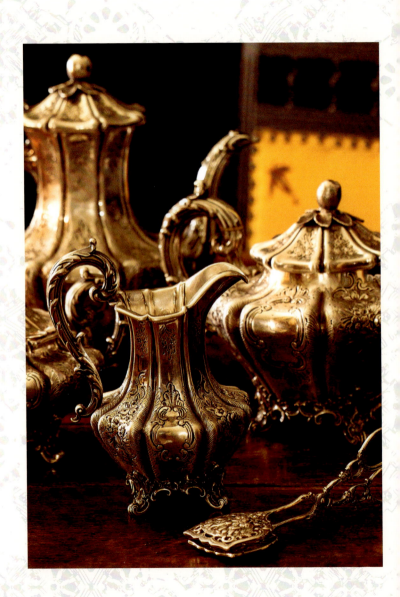

MÃOS À OBRA

OVOS-MOLES

Comece o preparo acrescentando a água e o açúcar em uma panela. Em seguida, mexa até que atinja a fervura e a calda esteja em ponto de espadana.[3] Na sequência, dissolva a farinha de arroz em água. Depois, transfira o conteúdo para a panela da calda, em fogo baixo, mexendo até ferver. Reserve. Feito isso, em uma vasilha, coloque as gemas e mexa delicadamente. Então, agregue uma pequena quantidade do preparo reservado ainda morno e mexa para incorporar. Em seguida, devolva a massa para a panela reservada. Para finalizar, misture tudo e leve novamente ao fogo até que as gemas estejam cozidas e atinjam a cremosidade desejada. Reserve.

CARAMELO

Em uma panela, junte a água com o açúcar e leve ao fogo até obter um caramelo. Reserve.

PUDIM

Em uma batedeira, bata as claras até atingir o ponto de neve. Feito isso, acrescente o açúcar e volte a bater, até ficar bem firme. Depois, coloque a batedeira em velocidade baixa e incorpore, aos poucos, o caramelo. Em seguida, passe o conteúdo para uma fôrma bem untada com manteiga e polvilhada com farinha de trigo e leve ao forno preaquecido a 180 °C para assar, por cerca de 15 minutos. Então, retire o pudim do forno e aguarde cinco minutos antes de desenformá-lo.

FINALIZAÇÃO

Cubra com os ovos-moles e sirva frio.

DICA: *Esse pudim cresce muito e, ao tirar do forno, não pode ter choques de temperatura para não abaixar. Deixe a cozinha fechada, sem correntes de ar, até o pudim esfriar.*

---

3 Esse ponto ocorre quando a calda atinge o aspecto de lâmina. Se, ao deixar escorrer de uma colher de pau, a calda cair como lâminas ou fitas largas, têm-se, então, o ponto espadana.

OURIÇOS BEBÊS

A primeira receita que eu fiz, aos 6 anos de idade, do meu primeiro livro de cozinha oferecido pela avó Cacilda!

INGREDIENTES

CREME INGLÊS

- 1 litro de leite
- 1 colher (sopa) de essência de baunilha
- 10 gemas de ovos peneiradas
- 250 g de açúcar

OURIÇOS

- 10 maçãs
- Água gelada q. b. (para mergulhar as maçãs)
- Suco de 2 limões
- 2 litros de chá preto (4 sachês)
- 4 colheres (sopa) de açúcar
- Manteiga derretida q. b.
- 100 g de lâmina de amêndoa torrada

MÃOS À OBRA

CREME INGLÊS

Em uma panela, ferva o leite com a essência de baunilha e reserve. Enquanto isso, com o auxílio de uma batedeira, bata as gemas com o açúcar. Então, desligue e, mexendo vigorosamente, acrescente o leite quente. Depois, leve a mistura para uma panela e, em fogo baixo, mexa até engrossar ligeiramente. Reserve enquanto esfria.

OURIÇOS

Comece o preparo, descascando as maçãs e cortando-as ao meio, longitudinalmente. Depois, retire os caroços e mergulhe-as em uma vasilha com água gelada e suco de limão. Reserve. Em uma panela grande, faça o chá preto e adoce com açúcar. Então, escorra as maçãs, coloque na panela do chá e cozinhe de 15 a 20 minutos, até estarem macias, sem desmanchar. Feito isso, retire as maçãs, escorra e pincele com a manteiga derretida. Em seguida, em uma travessa grande, coloque o creme inglês. Por cima, disponha as maçãs com a parte plana virada para baixo. Na parte arredondada das maçãs, espete as lâminas de amêndoas torradas para ficarem parecidas com pequenos ouriços.

OVOS-MOLES
(mas à minha moda)

> *Procurava [Arthur] a rima, já interessado, quando um sujeito baixote e bochechudo, de boné escocês, apareceu na grade da estação, com uma chapeleira de papelão azul, a galhofar com duas raparigas que o seguiam, oferecendo ovos moles ou mexilhões para ele levar para Lisboa.*
>
> Eça de Queiroz, em *A capital*

INGREDIENTES

- 2 xícaras (chá) de água
- 400 g de açúcar
- 1 colher (sobremesa) de essência de baunilha
- 2 fatias de pão de fôrma, sem a casca
- 100 g de manteiga
- 12 gemas peneiradas

MÃOS À OBRA

Em uma panela, coloque a água, o açúcar e a essência de baunilha e mexa, em fogo baixo, até se tornar uma mistura homogênea. Então, mantenha em fogo baixo por 20 minutos, agora sem mexer, para ganhar a consistência de calda. Com a calda quente, acrescente as fatias de pão de fôrma e a manteiga e espere esfriar. Feito isso, junte as gemas e leve novamente a fogo baixo, mexendo com cuidado até ficar cremosa.

PÃO DE LÓ DE ALFEIZERÃO
(de colher)

Vinha depois a confissão de pecadinhos doces [Em um fado cantado por Artur Couceiro em um serão em casa de S. Joaneira], um acto de contrição de amor, uma penitência terna:

> *Seis beijinhos de manhã,*
> *De tarde um abraço só ...*
> *E p'ra acalmar doces chamas*
> *Jejuar a pão de ló.*

Eça de Queiroz, em *O crime do padre Amaro*

INGREDIENTES

- 9 gemas de ovo
- 3 ovos inteiros
- 180 g açúcar
- 1 1/2 colher (sopa) de água
- 6 colheres (sopa) de farinha de trigo
- 1 colher (chá) de fermento em pó
- Manteiga (para untar)

UTENSÍLIO
- Refratário redondo de 25 cm de diâmetro ou tacho de cobre

MÃOS À OBRA

Na batedeira, acrescente as gemas, os ovos e o açúcar e bata bem até obter um creme esbranquiçado. Feito isso, transfira o conteúdo para uma vasilha, adicione a água e misture. Depois, coloque a farinha e o fermento e, com uma colher, envolva com delicadeza. Para finalizar, unte o refratário com manteiga, preencha com a massa e asse em forno preaquecido a 200 °C por cerca de oito minutos.

PUDIM DE LARANJA LÁ DE CASA

[...] Meirinho refletiu, passando a mão pela barba.

– É contra a etiqueta – murmurou [contra a ideia de que Artur, que não conhecia as pessoas, emitisse os convites]. Padilhão, consultado, afirmou que era "inteiramente fora dos hábitos".

– É o diabo! – rosnou Melchior.

E calados, um instante, no embaraço daquela dificuldade, iam mastigando o pudim.

Eça de Queiroz, em *A capital*

INGREDIENTES

CARAMELO
- 3 colheres (sopa) de açúcar
- 1 xícara (chá) de água

PUDIM
- 1 xícara (chá) de leite
- 1 colher (sopa) de amido de milho
- 5 ovos inteiros
- 5 colheres (sopa) de açúcar
- Suco de 1 laranja

UTENSÍLIO
- 1 fôrma redonda de furo no meio

MÃOS À OBRA

CARAMELO
Em uma fôrma, coloque açúcar e água e misture. Feito isso, leve a fôrma ao fogo até que a mistura forme um caramelo. Desligue o forno e reserve.

PUDIM
Em uma vasilha, coloque o leite e o amido de milho e mexa até dissolver. Feito isso, transfira o conteúdo para o liquidificador e acrescente os ovos, o açúcar e o suco de laranja. Então, bata a mistura até que se torne homogênea. Em seguida, preencha a fôrma reservada anteriormente com a massa do pudim. Em um tabuleiro, coloque água e depois arrume a fôrma. Leve ao forno preaquecido a 180 °C para assar em banho-maria, de 30 a 45 minutos, até que, espetando com um palito, o pudim saia seco.

PUDIM DE OVOS E COCO DA GRACINDA

A receita deste pudim é a mesma do famoso quindão, que surgiu no Brasil pela necessidade de substituir as amêndoas do preparo original pelo coco, mais abundante por aqui. A substituição dos ingredientes levou ao novo batismo: não cabia mais chamar de Brisa do Liz, nome que veio nas naus, com os portugueses. Nascia o afetuoso quindim, sinônimo de meiguice, encanto, dengo, tudo o que sugere essa explosão de sabores e textura.

Mas essa história não termina aqui: a receita, transformada, viajou novamente, dessa vez retornando para Portugal. Na minha família, sempre esteve presente na nossa mesa de Natal, feito pelas mãos de Gracinda, dedicada cozinheira da avó Cacilda, que, depois que se aposentou lá de casa, continuou fazendo receitas especiais de bolos, doces, biscoitos e pudins para a alegria de toda a família!

INGREDIENTES

- 12 gemas de ovos peneiradas
- 2 colheres (sopa) de manteiga levemente derretida
- 100 g de coco ralado
- 450 g de açúcar
- 1 colher (café) de essência de baunilha
- 1/2 colher (sopa) de manteiga (para untar)
- Açúcar q. b. (para polvilhar)
- Coco ralado a gosto (para finalizar)

UTENSÍLIOS
- 1 fôrma de furo de 22 cm de diâmetro

MÃOS À OBRA

Em uma vasilha grande, coloque as gemas, a manteiga levemente derretida, o coco ralado, o açúcar e a essência de baunilha e misture bem. Feito isso, reserve o conteúdo. Depois, unte uma fôrma de furo com manteiga, polvilhe com açúcar e preencha com a massa reservada. Então, cubra-a com papel-alumínio e deixe descansar por cerca de uma hora. Enquanto isso, coloque um pouco de água em um tabuleiro. Em seguida, sem remover o papel-alumínio, arrume a fôrma dentro do tabuleiro e leve-a ao forno preaquecido a 180 °C, para assar em banho-maria, por cerca de uma hora. Então, retire o pudim do forno e polvilhe coco ralado por cima. Para finalizar, deixe descansar por 15 minutos e, depois, desenforme. Mantenha o pudim na geladeira até a hora de servir.

SALAME DE CHOCOLATE

Filho feio não tem pai, diz o ditado, mas filho bonito tem mais de um! Conhecida como salame, chouriço ou paio de chocolate, a iguaria tem paternidade reclamada por Portugal e Itália. Lindo, amado por miúdos[4] e graúdos, o salame de chocolate remonta aos anos 1960. A primeira receita surgiu na famosa (e saudosa) revista de culinária Banquete, em 1962. Com o tempo, foi sendo modificada e, nos anos 1980, consagrou-se de maneira institucionalizada na mesa de todas as festas em Portugal. É fácil para fazer com as crianças – aliás, é uma unanimidade entre elas! Eu, por ser portuguesa, vou "puxar a brasa à minha sardinha" e dizer que essa receita de salame de chocolate é da minha terra. Acima de quaisquer dúvidas, nos apropriamos dela, e o que possa parecer um "plágio", pois a palavra salame nos remete à Itália, é coisa nossa, patrimônio de nosso imaginário infantil.

INGREDIENTES

- 200 g de biscoito tipo Maria
- 100 g de chocolate em pó
- 100 g de açúcar
- 150 g de manteiga derretida
- 1 ovo batido

UTENSÍLIO

- Papel-alumínio

MÃOS À OBRA

Em uma tigela, triture os biscoitos tipo Maria. Depois, acrescente o chocolate em pó, o açúcar, a manteiga derretida e o ovo batido e misture manualmente até obter uma massa moldável. Feito isso, forme com a massa um cilindro semelhante ao de um salame e envolva com papel-alumínio. Depois, coloque a massa para descansar na geladeira até ficar com consistência bem firme. Por último, retire o papel-alumínio, corte a massa em rodelas e decore a gosto para servir.

---

4 Vocábulo usado em Portugal para se referir a crianças.

SONHOS DE CENOURA

Rente aos muros, onde rebrilham em nichos doze apóstolos de louça, correm alfobres de cebolinho e cenoura, fechados por cheirosa alfazema...

Eça de Queiroz, em *A relíquia*

INGREDIENTES

- 750 g de cenoura
- 1 pitada de sal
- Cascas de 1 laranja
- 200 g de açúcar
- 400 g de farinha de trigo peneirada
- 1 colher (sopa) de fermento peneirado
- Suco de 1 laranja
- 4 gemas de ovo
- 4 claras de ovo
- Óleo (para fritar)
- Açúcar a gosto (para finalizar)
- Canela em pó a gosto (para finalizar)

MÃOS À OBRA

Comece o preparo descascando e cozinhando as cenouras em água com uma pitada de sal e as cascas da laranja. Depois de bem cozidas, retire a água e as cascas de laranja, e passe as cenouras no processador até adquirir a consistência de purê. Feito isso, acrescente o açúcar, a farinha de trigo e o fermento, envolvendo bem. Em seguida, junte o suco de laranja e as gemas, e reserve. Enquanto isso, bata as claras em neve e, então, agregue ao preparo reservado anteriormente. Depois, aqueça o óleo em uma frigideira e frite colheradas da massa, virando até ficarem uniformemente douradas. Na sequência, retire os sonhos com uma escumadeira e escorra sobre o papel-toalha. Por fim, passe-os em açúcar e canela e sirva.

SUSPIROS DA AVÓ CACILDA

Nuvens açucaradas, para deleite da criançada!

INGREDIENTES

- 12 claras de ovo
- 1 colher (sopa) suco de limão-siciliano
- 240 g de açúcar

UTENSÍLIO

- 1 saco de confeiteiro

MÃOS À OBRA

Na batedeira, em velocidade alta, bata as claras em neve firme e junte o suco de limão. Em seguida, sempre com a batedeira em velocidade alta, acrescente o açúcar até obter um merengue bem firme e reserve. Enquanto isso, forre um tabuleiro com papel-manteiga. Depois, coloque o merengue em um saco de confeiteiro e distribua pequenos montes de massa sobre o papel-manteiga. Feito isso, asse os merengues em forno preaquecido a 150 °C, por uma hora. Então, desligue o forno, sem retirar os suspiros até que estejam frios.

DICA: *Estes suspiros podem ser acompanhados com ovos-moles e pistaches.*

TORTA (ROCAMBOLE) DE LARANJA

A laranja doce é uma fruta originária da China. No século XVI, os portugueses a introduziram na Europa. Até hoje as laranjas doces encontradas na Europa são conhecidas como "portuguesas". A nossa melhor laranja é, sem dúvida, a da região do Algarve. Esta receita da minha família tem a laranja como um de seus ingredientes principais.

Muito provavelmente, a Torta (rocambole) de laranja teve origem no Convento de Nossa Senhora da Conceição de Lagos. Assim como a receita original, a versão da minha família inclui suco de laranja, ovos e açúcar entre os ingredientes. Além disso, conta com um segredinho da minha avó Cacilda: a manteiga, que proporciona uma untuosidade, e agradava ao paladar exigente dela. Esta torta é assada no forno em fôrma barrada com muita manteiga e, depois, enrolada em pano e polvilhada com açúcar.

INGREDIENTES

- 10 ovos
- 2 xícaras (chá) de açúcar
- Raspas da casca de 2 laranjas
- Suco de 3 laranjas
- 2 colheres (sopa) de manteiga derretida
- Açúcar (para polvilhar o pano)
- Açúcar de confeiteiro a gosto (para polvilhar)

MÃOS À OBRA

Na batedeira, bata os ovos por 10 minutos e desligue. Então, acrescente, mexendo com uma colher, o açúcar, as raspas de casca de laranja, o suco de laranja e, por fim, a manteiga, envolvendo bem todos os ingredientes. Feito isso, unte uma fôrma retangular com manteiga, forre com papel-manteiga, untando-o em seguida. Depois, preencha a fôrma com a massa e leve para assar em forno preaquecido à 180 °C. Enquanto isso, coloque um pano úmido sobre a bancada de trabalho e polvilhe o pano com açúcar. Sobre ele, desenforme a massa depois de assada. Então, com a ajuda do pano, enrole-a em formato de rocambole. Sem retirar o pano, deixe a massa descansar na geladeira por duas horas. Antes de servir, remova-o, apare as pontas da torta e polvilhe açúcar de confeiteiro.

TORTA DE CARAMELO DA AVÓ CACILDA

O doce nunca amargou... E esta torta fala de amor de avó e neta em forma de receita!

INGREDIENTES

MASSA
- 200 g de farinha
- 100 g de açúcar
- 100 g de manteiga
- 1 colher (chá) de fermento
- 1 ovo
- Manteiga (para untar)

COBERTURA DE CARAMELO
- 100 g de amêndoa sem pele, torrada e processada
- 125 g de manteiga
- 100 g de açúcar
- 3 colheres (sopa) de leite

UTENSÍLIOS
- 1 fôrma de fundo removível

MÃOS À OBRA

MASSA
Primeiro, junte todos os ingredientes e amasse com as mãos até ficarem bem ligados. Feito isso, unte uma fôrma com manteiga, cubra o fundo e a lateral com a massa e asse em forno preaquecido a 180 °C, por 10 minutos.

COBERTURA DE CARAMELO
Em uma panela, coloque todos os ingredientes e leve ao fogo, mexendo sempre, até ficar ligeiramente dourado.

FINALIZAÇÃO
Cubra a massa pré-assada com a cobertura e coloque novamente no forno, até ficar com um dourado escuro. Retire do forno e deixe esfriar antes de servir.

TORTA DE MAÇÃ

E depois mulher de asseio, muitíssimo asseio! E que lembrançazinhas! Não há dia que me não mande o seu presente (...) Ontem me mandou ela uma torta de maçã. Ora havia de você ver aquilo! A maçã parecia um creme! Até a mana Josefa disse: "Está tão boa que parece que foi cozida em água benta!"

Eça de Queiroz, em *O crime do padre Amaro*

INGREDIENTES

MASSA
- 250 g de farinha de trigo
- 150 g de manteiga
- 1 colher (sopa) de açúcar
- 1 gema de ovo
- 1 colher (chá) de bicarbonato de sódio
- Manteiga (para untar)
- 8 maçãs, cortadas em meias-luas ou rodelas

RECHEIO
- 2 colheres (sopa) de manteiga
- 250 g de açúcar
- 3 ovos inteiros

FINALIZAÇÃO
- Açúcar de confeiteiro (para polvilhar)

UTENSÍLIO
- 1 fôrma de torta de fundo removível de 25 cm de diâmetro

MÃOS À OBRA

MASSA
Em um recipiente, reúna a farinha de trigo, a manteiga, o açúcar, a gema de ovo e o bicarbonato de sódio, e misture muito bem. Então, unte a fôrma com manteiga e forre-a com a massa, cobrindo o fundo e as laterais. Feito isso, distribua as maçãs sobre a massa, cobrindo toda a superfície, e reserve.

RECHEIO
Comece o preparo derretendo a manteiga em fogo muito baixo. Depois, retire-a do fogo, junte o açúcar e mexa. Em sequência, acrescente os ovos, um a um, batendo sempre. Então, desligue o fogo e reserve.

FINALIZAÇÃO
Finalize o processo preenchendo a torta com o recheio. Depois, leve-a ao forno preaquecido a 180 °C por cerca de 30 a 45 minutos. Quando as maçãs estiverem douradas, retire do forno e polvilhe com açúcar de confeiteiro.

DICA: *Acompanhe essa sobremesa com sorvete ou chantili.*

TRAVESSEIRO DE NOIVA

Sempre amei este rocambole. Tem cheiro de férias, tem cheiro de infância e era sobremesa obrigatória na nossa casa em S. Pedro de Moel. Muito pequena, aprendi a prepará-la, talvez porque o nome me fascinasse: "travesseiro de noiva". Eu era uma menina que lia livros de príncipes e princesas... e sonhava em me casar com um príncipe encantado. Quem não?

INGREDIENTES

- 6 ovos
- 300 g de açúcar refinado
- 1 1/2 colher (sopa) de amido de milho
- Manteiga (para untar)
- Açúcar refinado (para polvilhar o pano úmido)
- Açúcar de confeiteiro (para polvilhar na finalização)

UTENSÍLIO

- 1 tabuleiro retangular pequeno
- 1 pano de prato

MÃOS À OBRA

Em um recipiente, separe as gemas das claras de ovo. Na batedeira, peneire as gemas, junte o açúcar refinado e bata até formar uma mistura homogênea. Depois, acrescente o amido de milho, bata bem e reserve. Enquanto isso, bata as claras em neve e, com uma colher, envolva delicadamente, ao preparado anterior. Feito isso, unte o tabuleiro com manteiga, cubra com papel-manteiga e volte a untar o papel. Então, coloque o preparado e asse em forno preaquecido à 180 °C, por cerca de 20 minutos. Faça o teste do palito e, quando sair sequinho, retire a massa do forno. Em seguida, desenforme o travesseiro de noiva (rocambole) em um pano de prato úmido polvilhado com açúcar e enrole em formato de rocambole. Deixe esfriar e, ainda com a ajuda do pano, coloque no prato de servir. Para finalizar, retire o pano com cuidado e polvilhe açúcar de confeiteiro.

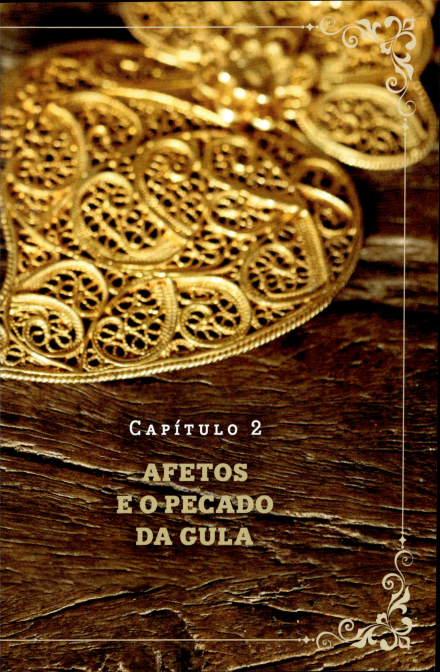

Capítulo 2

AFETOS E O PECADO DA GULA

A comida afetiva não é só a comida da família, mas a de todos os que amamos e nos rodeiam! Inclui as conversas à mesa com os amigos, as receitas com que eles nos presenteiam, é toda uma enorme vivência. São os lugares que vamos visitando e conhecendo ao longo do tempo! Os cheiros e sabores que nos remetem a momentos felizes, que nos levam a viajar pelo mundo e sinalizam: eu estive aqui!! Viagens pelo Oriente e pelo Ocidente, em qualquer porto a comida nos chega como a assimilação cultural de novas civilizações e de experiências que vamos tendo ao longo da vida. Sabores que nos deixam felizes, outros nem tanto, mas falam de momentos ou de épocas que passamos.

Precisamos nos alimentar por uma questão de sobrevivência. O primeiro contato com a comida se dá quando nascemos e confunde-se com a nossa primeira relação de afeto. O alimento primeiramente nos liga à nossa mãe, depois à nossa família e, então, aos nossos amigos! O ato de nos alimentarmos pode provocar reações como simpatia, aversão, prazer, desejo, mas sempre nos ajuda a contar a nossa história.

Santa Catarina de Sena nos ensinava que o "estômago cheio prejudica a mente". Será que é isto o pecado da gula? Afinal, a palavra gula vem do latim e significa "goela", "garganta". Os gregos, nos primórdios, a chamavam tecnicamente de "gastrimargia", cujo significado etimológico é "loucura do estômago", ou seja, uma variação do pecado da gula.

Mas para que buscar tantos significados se Deus criou o paladar? Toda comida deve ser saboreada e degustada, para despertar sensações e prazeres, nos trazer o afago dos entes queridos e nos fazer relembrar momentos vividos.

Com o prazer de cozinhar acolhemos o outro, lhe damos amor, nos doamos e partilhamos. A mesa é o lugar onde conciliamos as alegrias e as tristezas com quem dividimos nossas receitas e nosso segredos culinários. Este capítulo fala de vivências conjuntas.

Como não lembrar do Alentejo e especialmente da época do Natal, com as azevias da tia Maria do Carmo, o arroz-doce do meu pai... que não levava nenhuma gema, a tarte de amêndoas da Nuxinha e da tia Mitó, as brisas do Liz do Piteca, e os almoços de horas que emendavam no jantar na casa do Pedro e da Paula, com grandes repastos "queirosianos", que faziam qualquer mortal gemer de prazer... Recordo-me ainda da terrine de chocolate que eu e minha amiga-irmã Cristina adorávamos nos nossos tempos de faculdade em casa da tia Helena Mineiro! Era obrigatória nos finais de semana.

As bolas de Berlim, o bolo de bolacha, a baba de camelo, o pudim de requeijão (ricota fresca), a mousse de chocolate e hortelã, que era a predileta do meu avô, Gualdino Roldão. Até hoje essas sobremesas "lembram" o mar de S. Pedro de Moel. A Rosa, que vendia as bolas de Berlim na praia, os bolos, pudins mais simples e menos elaborados para a época de verão.

O crocante de maçã da Inês, o semifrio de natas e frutas vermelhas e o dos deuses... (o nome que a Inês deu a algo inexplicavelmente delicioso) fazem parte dos meus lautos jantares com a querida Inês Font, uma exímia cozinheira. O doce de abóbora da Tixa é algo inigualável para comer com queijo fresco: minha querida Tixa, grande amiga e colega de faculdade, minha "guru" para vários assuntos culinários e museológicos. Guida Vilela me presenteou em um jantar com os bombons de chocolate, figos e amêndoas e depois me mandou a receita aqui para o Brasil, que virou um "hit" da minha cozinha artesanal. Já minhas férias na Ilha da Madeira foram responsáveis por minha paixão pelo bolo de mel da Madeira. Os fofos de Belas, por sua vez, pertencem às minhas memórias infantis e aos meus passeios a Sintra.

As fatias à pompadour são de uma época adulta de pesquisadora de história da gastronomia. Essa receita vem diretamente de um livro de família do século XIX. Encontrei-o em um baú de madeira forrado de papel de florzinhas que se encontrava no sótão da nossa casa, junto com vários ferros de engomar de brasas. Nossas relíquias! Desfrutem destas receitas!

ARROZ-DOCE DO MEU PAI

O arroz-doce é a sobremesa obrigatória das festas tradicionais portuguesas, casamentos e batizados, Natal e Páscoa, pois é uma receita que personifica amor e carinho à mesa, representa sabedoria e simplicidade. Está na mesa dos ricos e dos pobres, de reis e plebeus. Este arroz sempre esteve na "nossa" mesa quando íamos para o Alentejo. O tacho de cobre reluzente em cima do fogão e a infusão de laranja em que é "cozido" perfumavam toda a casa. A cozinha dos meus avós paternos nos "abraçava" com a simplicidade das suas receitas, e os olhos do meu pai brilhavam como os de uma criança que ia receber o melhor presente do mundo, um pratinho de arroz-doce com linhas de canela!

INGREDIENTES

- 1 litro de água
- Casca de 1 laranja-baía
- 300 g de arroz
- 1,5 litro de leite
- 400 g de açúcar
- 1 pitada de sal
- Canela em pó a gosto (para decorar)

MÃOS À OBRA

Em uma panela, coloque a água e a casca de laranja-baía e leve ao fogo, deixando ferver por cinco minutos, para obter uma infusão. Então, acrescente o arroz e cozinhe até estar bem macio.

Em outra panela, reúna o leite e o açúcar e leve ao fogo; quando ferver, transfira para a panela onde está o arroz cozido e acrescente uma pitada de sal. Em fogo baixo e sempre mexendo, deixe ferver por no mínimo 30 a 40 minutos. Quando estiver bem cremoso, retire a panela do fogo e distribua o arroz-doce em pratinhos. Decore com linhas de canela em pó.

AZEVIAS DA
TIA MARIA DO CARMO

A história deste doce remonta à minha infância. Filha de alentejano como sou, na casa dos meus avós paternos, adorava ficar na cozinha acompanhando os trabalhos e perguntando qual a origem desta ou daquela receita. Minha tia Maria do Carmo se sentava ao meu lado e pacientemente ensinava a mim, e aos meus primos, "que as azevias eram um doce típico do Alentejo e não podiam faltar em todas as mesas de Natal dos alentejanos". O doce tinha o nome de um peixe típico da região porque era inspirado em seu formato, especificamente em seu aspecto chato e alongado.

Nos seus escritos, Apício, pioneiro gastrônomo que viveu no século I d.C., já tinha tratado de doces com recheio de grãos que poderiam ser uma herança da *tragemata*, sobremesa à moda de sua terra, Roma. "O Alentejo teve uma presença romana grande", ensinava a tia. Eu ficava maravilhada com tudo, com as histórias, com as azevias sendo preparadas, com o cheiro das laranjas, com aquele purê de grão delicado e reluzente que enchia os meus olhos de criança, com o tacho de cobre no fogo... Em um passe de mágica, minha tia paterna, com maestria e destreza, abria a massa e fazia umas "rodinhas" que levavam generosas colheradas de um lindo creme. Ela as fritava, passava no açúcar e na canela e distribuía para os sobrinhos se "lambuzarem". E eu pensava: "Estou no céu, isto é dos deuses!

INGREDIENTES

RECHEIO
- 500 g de grão-de-bico
- Açúcar (2/3 do peso do purê de grão-de-bico)
- Raspas das cascas de 2 laranjas
- Canela em pó a gosto

MASSA
- 1 kg de farinha de trigo
- 250 g de banha de porco
- 500 ml de água morna
- Sal a gosto

FINALIZAÇÃO
- Azeite de oliva (para untar o rolo da massa)
- Óleo (para fritar)
- Açúcar (para polvilhar)
- Canela (para polvilhar)

MÃOS À OBRA

RECHEIO
Primeiro, coloque o grão-de-bico de molho de um dia para o outro. Depois, escorra e envolva os grãos-de-bico crus em uma toalha. Feito isso, passe um rolo de massa por cima da toalha, para retirar a pele dos grãos. Já sem as peles, coloque o grão-de-bico em uma panela de pressão, com água suficiente para cobri-lo, e cozinhe por 20 minutos após começar a ferver. Então, escorra a água, coloque os grãos cozidos no processador e bata até obter um purê. Em seguida, pese o purê para calcular a quantidade de açúcar necessária (2/3 da quantidade de purê). Depois, coloque o purê de grão-de-bico e o açúcar em uma panela e leve a fogo alto, mexendo sempre, até ficar espesso e desgrudar do fundo da panela.

Para finalizar, transfira para uma taça, acrescente a raspa das laranjas e a canela em pó e reserve.

MASSA
Em uma bacia, disponha a farinha de trigo, fazendo um pequeno monte e, depois, abra um buraco no centro. Então, derreta a banha de porco e a coloque no meio do monte. Depois, amasse, sempre molhando os dedos e sovando bastante, durante mais ou menos 20 minutos. A bacia tem que ficar lisa, sem massa grudada, assim como as mãos; e a massa tem que ficar elástica. Finalize o processo acrescentando uma pitada de sal e deixando a massa repousar por 30 minutos.

FINALIZAÇÃO
Unte um rolo com azeite de oliva e abra a massa. Depois, corte-a em rodelas e distribua o recheio em cada uma delas. Então, com as pontas dos dedos molhados, feche a massa em formato de pastéis. Por último, frite em óleo quente, até ficarem ligeiramente dourados, passe em açúcar e canela e sirva.

BABA DE CAMELO

Baba de camelo, o doce português que tem o nome mais estranho do mundo. Segundo reza a lenda, esta sobremesa foi invenção de uma dona de casa portuguesa, D. Valentina, que, ao receber muitos convidados e só tendo leite condensado e 6 ovos, "inventou" esta iguaria. D. Valentina receava que a sobremesa não fosse se tornar um sucesso, mas os convivas amaram! E a receita virou um dos doces preferidos das crianças portuguesas.

INGREDIENTES

- 2 latas (790 g) de leite condensado
- 10 ovos
- 100 g nozes

MÃOS À OBRA

Em uma panela de pressão com água, cozinhe as latas de leite condensado fechadas, contando 40 minutos após começar a ferver. Em seguida, desligue o fogo e reserve a lata até que esfrie. Enquanto isso, em um recipiente, separe as gemas das claras e reserve-as. Depois que a lata esfriar, abra e transfira o leite condensado para a batedeira. Então, acrescente as gemas e bata, até ficar um creme bem liso. Feito isso, bata as claras em neve e as envolva delicadamente ao preparado anterior. Depois, pegue o preparado e coloque no freezer por 6 horas. Para finalizar, pique com a ponta da faca as nozes e coloque-as em cima do doce. Sirva bem frio.

BOLAS DE BERLIM

As bolas de Berlim chegaram pelas mãos de famílias de judeus alemães que se refugiaram em Portugal durante a Segunda Guerra Mundial. Conhecido como "berlinesa", no original, o doce se aportuguesou rapidamente: saiu o recheio de frutas vermelhas e entrou o creme de confeiteiro. Parecido com o sonho, doce brasileiro, as Bolas de Berlim fazem a alegria de miúdos e graúdos! Lembro de, ainda criança, estar na praia e ver passar a senhora Rosa com a lata cheia de Bolas de Berlim. Ela vinha gritando: "Olha a boooolllaaaa de Berlimmmmmm". Como um enxame de abelhinhas minúsculas, a criançada "atacava" a senhora Rosa, que se ajoelhava na areia da praia e nos fazia felizes. Da bondosa mulher só se via a cabeça: a garotada à sua volta a "engolia" e todos iam saindo, um a um, com a sua guloseima na mão!

INGREDIENTES

MASSA

- 30 g de fermento fresco de pão
- 150 ml de água morna (para dissolver o fermento)
- 750 g de farinha de trigo
- 2 ovos
- 3 gemas
- 110 g de açúcar
- Farinha de trigo (para polvilhar)
- Óleo (para fritar)
- Açúcar (para polvilhar)

CREME DE PASTELEIRO À PORTUGUESA

- 750 ml de leite
- 2 tiras de casca de limão
- 225 g de açúcar
- 90 g de amido de milho
- 9 gemas

MÃOS À OBRA

MASSA

Comece o preparo dissolvendo o fermento em água morna. Depois, acrescente a farinha de trigo, o ovo, as gemas e o açúcar e amasse muito bem, até ficar com a consistência da massa de pão. Finalizado esse processo, polvilhe a massa com farinha de trigo, coloque-a em um recipiente e cubra com um pano. Deixe fermentar bem, em lugar aquecido, por cerca de uma hora. Então, volte a amassar ligeiramente. Em seguida, corte pedaços de 50 g de massa e molde bolas. Sobre um pano fino estendido, vá dispondo as bolas e polvilhado com farinha. Então, deixe-as fermentar até ganharem o dobro do tamanho inicial. Feito isso, frite uma a uma, com cuidado, em óleo pouco quente (muito importante). Por fim, escorra e polvilhe-as com açúcar.

CREME DE PASTELEIRO À PORTUGUESA

Em uma panela, ferva o leite com a casca do limão, retire do fogo e reserve. Enquanto isso, em outra panela, misture o açúcar com o amido de milho e adicione as gemas. Depois, acrescente ao preparo o leite, aos poucos, mexendo sempre. Feito isso, leve a mistura ao fogo, sem parar de mexer, principalmente nos cantos, até ferver. Por fim, retire-a, coloque-a em um recipiente e cubra com plástico-filme.

FINALIZAÇÃO

Com uma tesoura, abra as bolas ao meio e recheie com o creme de pasteleiro.

BOLO DE BOLACHA

O biscoito tipo Maria foi criado pela padaria londrina Peek Freans, em 1874, para comemorar o casamento da grã-duquesa Maria Alexandrovna da Rússia com o duque de Edimburgo. Logo, a "mariebiscuit", como era chamada a iguaria, passou a ser muito usada para acompanhar o chá, molhada no líquido servido nas xícaras. Mas o petisco não demorou a cruzar fronteiras, tornando-se popularizado em toda a Europa, principalmente em Portugal e Espanha.

Após a Guerra Civil Espanhola, o biscoito virou símbolo de recuperação econômica, depois que as padarias da Espanha produziram grandes quantidades para consumir o excedente de trigo que o país tinha na época. Ingrediente barato e economias enfraquecidas após duas Grandes Guerras Mundiais tornaram o biscoito popular em toda Europa, sobretudo em Portugal.

A recessão dos alimentos e a escassez financeira eram um fato a se opor à nossa doçaria tradicional, muito rica em insumos nobres e dispendiosos, além de preparações demoradas. Por isso, o Bolo de Bolacha ganhou seu espaço: é uma receita simples, que não precisa de forno e leva poucos ingredientes. Oriundo da escassez imposta pelas agruras da guerra, esta receita se tornou orgulho nacional! Entre em um café em Portugal e peça uma fatia de bolo de bolacha e uma bica (um expresso): você não vai esquecer a experiência!

INGREDIENTES

- 2 pacotes de biscoito tipo Maria
- 4 gemas
- 500 g açúcar de confeiteiro
- 300 g manteiga
- 500 ml de café forte frio

MÃOS À OBRA

Primeiro, triture quatro biscoitos, fazendo uma farofa e reserve. Em seguida, bata as gemas com o açúcar e a manteiga, até ficar uma mistura bem cremosa e reserve. Enquanto isso, embeba os biscoitos, um a um, no café e vá arrumando na travessa. Sobre a primeira camada de biscoito, disponha uma camada de creme. Siga esse processo alternando camadas de biscoito e de creme. Depois, triture os biscoitos restantes e reserve. Para finalizar, cubra todo o bolo com o creme e polvilhe com a farofa dos biscoitos. Coloque o bolo na geladeira, por oito horas, para descansar e ganhar consistência.

BOLO DE MEL DA MADEIRA

Ilha de clima tropical, a Madeira é considerada a pérola do Atlântico. Trata-se de uma terra de sotaque único: por lá, semilha é batata, pimpinela é chuchu e as sobremesas compõem um capítulo à parte. Doces madeirenses são um afago para o coração: o bolo de mel, de sabor sofisticado e aroma exuberante, é muito apreciado por todos, além de ser uma guloseima para qualquer hora do dia!
Mas afinal, que bolo é esse?

> É um bolo característico do Natal, de confecção tradicional, sendo indispensável a sua presença em todas as casas nesta época festiva. Foi "inventado" na Madeira, com a introdução da cana sacarina. A sua confecção terá começado nos séculos XV-XVI, de maneira mais simples que a usada nos séculos XVII-XVIII, usando-se sucessivamente as especiarias europeias, as da Índia e finalmente a soda.

> Segundo escreve Eduardo Pereira, "... depois de descoberta a Terra das Especiarias... o bolo impou (inflou-se, em sentido figurado), condimentado com os mais estranhos acepipes, tenro e quebradiço, aromatizado de essências orientais, ornamentado de arabescos de alfenim, marchetado de cidra, miolo de nozes, amêndoa e passas...". Numa ementa relativa ao triénio de 1813 a 1815, faz-se referência a uma série de doces, incluindo o Bolo de Mel-de-Cana, em quantidades medidas por alqueire, para festejar grandes solenidades religiosas e suas oitavas. A oferenda do Bolo de Mel-de-Cana pelo Natal foi uma ostentação Malga, um mimo requintado de cortesia que se estendeu e generalizou. A tradição, levada à regra em diversas casas madeirenses, dita que este bolo deve ser preparado no dia 8 de dezembro para que esteja bom no Natal.

Diário de Notícias, Funchal, 24 abr.1989

INGREDIENTES

- Raspas de cascas de 1 laranja
- Raspas de cascas de 1 limão
- 150 g de nozes
- 40 g de amêndoa
- 150 g de manteiga
- 100 g de cerveja preta
- 1 colher (sobremesa) de vinho da Madeira
- 170 g de melado de cana
- Suco de 1 laranja
- 1 colher (café) de gengibre em pó
- 1 colher (café) de noz-moscada
- 30 g de uva-passa branca
- Sal a gosto
- Pimenta-do-reino preta a gosto
- 1 colher (chá) de cravo em pó
- 1 colher (chá) de canela em pó
- 2 colheres (chá) de bicarbonato
- 150 g de açúcar mascavo
- 550 g de farinha de trigo
- Manteiga (para untar)
- Amêndoas sem pele a gosto (para decorar)
- Nozes a gosto (para decorar)

MÃOS À OBRA

Em um processador, coloque as raspas das cascas de laranja e de limão (sem a parte branca), as nozes e as amêndoas e bata grosseiramente para não virar uma farinha. Finalizado o processo, transfira para uma vasilha e junte ao preparo a manteiga, a cerveja preta, o vinho da Madeira, o melado e o suco de laranja. Acrescente ainda o gengibre, a noz-moscada, as passas, o sal, a pimenta-do-reino, o cravo em pó, a canela, o bicarbonato, o açúcar mascavo e a farinha de trigo. Com a ajuda de uma espátula, misture bem até o preparo ganhar uma consistência de massa de pão. Feito isso, transfira a massa para um recipiente de plástico, pincele com manteiga e cubra com um pano de prato e com plástico-filme por cima do pano. Deixe a massa repousar por 12 horas para fermentar. Enquanto isso, unte duas fôrmas pequenas e redondas com manteiga, forre com papel-manteiga, unte também o papel com manteiga e, então, distribua a massa fermentada nessas duas fôrmas. Por fim, decore com amêndoas e nozes, cubra com papel-alumínio e leve ao forno preaquecido a 160 °C, por 50 minutos, mantendo sempre coberto.

DICA: *Para que o bolo esteja fresco por mais tempo, guarde-o embrulhado em papel-manteiga dentro de uma caixa.*

BOMBONS DE CHOCOLATE, FIGOS E AMÊNDOAS

Ambos [Zé Fernandes e Madame de Oriol] nos precipitáramos, um arrebatando a garrafa, outro oferecendo o prato de bombons. Franziu o véu para os olhos, chupou à pressa um bolo que ensopara no Tokai.

Eça de Queiroz, em *A cidade e as serras*

INGREDIENTES

- 130 g de chocolate meio amargo em barra
- 1 colher (sopa) de mel
- 150 g de amêndoa com pele
- 100 g de figo seco
- 1 colher (café) de erva-doce
- 1 colher (café) de pimenta-rosa

MÃOS À OBRA

Primeiro, derreta o chocolate em banho-maria. Depois, acrescente o mel, envolva bem ao chocolate e reserve. No processador, coloque as amêndoas, os figos secos, a erva-doce e a pimenta-rosa e bata, até ficar tudo esfarelado. Em seguida, transfira para uma vasilha, acrescente o chocolate reservado e amasse com vontade, até obter uma massa. Com as mãos, modele os bombons e coloque na geladeira para firmar.

BRISAS DO LIZ DO PITECA

O doce tem origem em Leiria, cidade banhada pelo Rio Lis e berço de D. Diniz, o rei lavrador. As brisas do Liz (ou do Lis) parecem ter nascido no século XVII, no Convento de Santa Ana da ordem das Dominicanas. Não existe uma receita escrita original, mas sim a tradição oral, passada de geração em geração de doceiras. Segundo os habitantes da cidade, seu preparo é feito de segredo e de amêndoa. Este doce foi provavelmente a inspiração para o quindim, cuja receita troca a amêndoa pelo coco. Este preparo de brisa do Liz também inclui a amêndoa. Além disso, a receita com o segredo do famoso "Piteca", meu amigo de colégio e de coração, um doceiro e cozinheiro de mão-cheia. Graças a deus, bons ventos levaram esta "brisa" até o Brasil!

INGREDIENTES

- 150 ml de água
- 300 g de açúcar
- 120 g de amêndoa sem pele
- 10 gemas
- 1 colher (sopa) de manteiga (para untar)

UTENSÍLIOS

- 12 forminhas de bom bocado ou de empada

MÃOS À OBRA

Em uma panela, junte a água e o açúcar e leve ao fogo até ferver e obter uma calda em ponto de pérola.[5] Retire do fogo e deixe esfriar. Enquanto isso, triture as amêndoas, cuidando para não virar pó, e reserve. Em uma vasilha, coloque as gemas e as amêndoas trituradas e, aos poucos, vá colocando a calda de açúcar e misturando, até ficar homogêneo. Reserve. Depois, unte as forminhas com manteiga; e preencha-as com o preparo reservado, observando para que ocupe somente 2/3 da altura das fôrmas. Em um tabuleiro, coloque água e, em seguida, arrume as forminhas. Em seguida, leve ao forno preaquecido a 200 °C, para assar em banho-maria, por 15 a 20 minutos. Retire do forno e desenforme com a ajuda de uma faca.

---

5 Para atingir o ponto de pérola, a calda precisa estar a 108 °C. Em caso de dúvida, verifique se o fio que corre da colher está espesso, com uma gota suspensa na extremidade.

CROCANTE DE MAÇÃ DA INÊS

O Criador, obrigando o homem a comer para viver, convida-o a tal pelo apetite e recompensa-o pelo prazer.

Brillat-Savarin

Essa epígrafe traduz bem o sabor e a textura deste doce!

INGREDIENTES

- Manteiga (para untar)
- 5 maçãs grandes cortadas em pedaços pequenos
- Raspas da casca de 1 limão-siciliano
- 2 colheres (sopa) de canela em pó
- 3 xícaras (chá) de farinha de trigo
- 2 xícaras (chá) de açúcar
- 250 g de manteiga em temperatura ambiente

MÃOS À OBRA

Primeiro, unte um refratário e, depois, coloque os pedaços de maçã. Por cima, distribua as raspas de limão-siciliano e a canela. Em seguida, em uma vasilha, reúna a farinha de trigo, o açúcar e a manteiga e misture com as pontas dos dedos, até ficar com consistência esfarelada. Então, distribua a mistura sobre as maçãs. Por fim, leve ao forno preaquecido a 180 °C, até dourar.

DICA: *Sirva quente, com chantili ou sorvete.*

DOCE DE ABÓBORA DA TIXA

Sobre o telhado secavam abóboras. Por cima rebrilhava o profundo, rico e macio azul de que meus olhos andavam aguados.

Sacudi violentamente Jacinto:

– Acorda, homem, que estás na tua terra!

Ele desembrulhou os pés do meu paletó, confiou o bigode, e veio sem pressa, à vidraça que eu abrira, conhecer a sua terra.

– Então é Portugal, hem... Cheira bem.

– Está claro que cheira bem, animal!

Eça de Queiroz, em *A cidade e as serras*

As abóboras carnudas, colhidas na quinta da família da Tixa, em Cortegana, bem pertinho de Alenquer, são separadas especialmente para ela. Com essas abóboras, Tixa prepara um doce inconfundível usando pouco mais do que as suas mãos mágicas e grande maestria. Este doce enche os frasquinhos que ela religiosamente oferece aos amigos como presente de Natal. O cheiro inebriante e o brilho do doce no tacho de cobre fazem da receita um manjar digno de um banquete no Olimpo!

INGREDIENTES

- 1 kg de abóbora
- 2 colheres (sopa) de água
- 4 laranjas-baía
- 1 kg de açúcar
- 4 paus de canela

MÃOS À OBRA

Comece o preparo cortando a abóbora em cubos. Em seguida, coloque os cubos em uma vasilha junto com a água e cozinhe no micro-ondas por cerca de 20 minutos. Então, transfira para o processador, faça um purê e reserve. Depois, descasque e limpe as laranjas, retirando todas as peles dos gomos e os caroços, e bata a polpa da laranja no liquidificador. Em uma panela, coloque o açúcar, a polpa da laranja, o purê de abóbora e os paus canela e leve ao fogo. Cozinhe, mexendo de vez em quando, até ganhar ponto pastoso.

Nota da Tixa: Há uma abóbora dita "de doce", que não é a gila, é alaranjada clara, que, depois de cozida, fica com aspecto de doce de ovos, límpida, muito bonita. Mas, no geral, fiz a receita com a mesma abóbora que uso na sopa. Às vezes, fica tipo purê e é mais difícil de ganhar ponto: precipita e fica com duas fases (como diria o senhor engenheiro meu pai). Ou seja, separa-se. Como em tudo na vida, só com a experiência é que vamos percebendo a coisa.

DOS DEUSES

Não sei de onde veio, confesso, só sei que é dos deuses, e por isso lhe coloquei este nome. Foi descoberta pela minha amiga Inês Font, em um caderno de receitas antigo, mas ela também não sabe a sua origem! Inês é uma cozinheira exímia, e as suas receitas são sempre excelentes. Somos amigas de uma vida inteira e sempre tivemos o prazer de partilhar a mesa, as receitas, as conversas e jantares "pantagruélicos"! Confiem!

INGREDIENTES

- 4 ovos
- 150 g de manteiga com sal
- 150 g de açúcar (para o creme)
- 250 g de creme de leite fresco para chantili
- 2 colheres (sopa) de açúcar (para o chantili)
- 100 g de biscoito champanhe esfarelado
- 100 g de amêndoa torrada e processada

MÃOS À OBRA

Primeiro, separe as gemas das claras e reserve. Na batedeira, bata a manteiga com o açúcar até ficar com a cor esbranquiçada. Então, ainda batendo a mistura, acrescente uma gema de cada vez, até ficar homogênea. Depois, separadamente, bata as claras em neve, incorpore-as ao creme e reserve. Na batedeira, coloque o creme de leite e o açúcar e bata até atingir o ponto de chantili. Reserve. Finalize a sobremesa em uma taça, fazendo camadas de creme de manteiga, biscoito champanhe esfarelado, chantili e amêndoas. Sirva bem gelado.

FATIAS À POMPADOUR

Esta é uma receita de século XIX, tirada do livro *O cozinheiro imperial* e orgulhosamente adaptada por mim:

> Cortado o miolo de pão em bocados redondos ou quadrados, da grossura de dous ou três dedos, deite-se por um instante de môlho em vinho branco da Madeira, ou em qualquer outro vinho branco; passem-se depois de escorridos, por ovos batidos, frijão-se, e repitão o mesmo duas ou três vezes, como acima foi dito; depois de fritas, e de boa cor, sirvão-se com calda de vinho do Rheno, e assucar em ponto. N.B. Todas as fatias se podem fazer, molhando-se em água, leite, ou em o liquor que quizerem. (R. C. M., 1852, p. 339)

INGREDIENTES

- 1 pão de fôrma tipo Petrópolis
- 750 ml de leite
- 5 colheres (sopa) de açúcar
- 15 ml de vinho da Madeira
- 15 ml de vinho do Porto
- 6 ovos batidos
- Manteiga a gosto (para fritar)
- Açúcar a gosto (para finalizar)
- Canela a gosto (para finalizar)

MÃOS À OBRA

Para este preparo, comece cortando o pão em fatias na grossura de dois ou três dedos e reserve. Em uma vasilha, coloque o leite com o açúcar, o vinho da Madeira e o vinho do Porto (para aromatizar) e misture-os. Em seguida, molhe as fatias de pão no leite aromatizado; passe-as no ovo e frite-as na manteiga. Ao retirar da frigideira, finalize passando as fatias de pão primeiro no açúcar e, depois, na canela. Sirva as fatias do modo que preferir, quentes ou frias.

FOFOS DE BELAS

Fofos de Belas (de nome original Fartos de Belas) são uma referência da doçaria da região de Sintra. A doceira Liberdade Fonseca é a responsável pela criação da receita desses pequenos doces cilíndricos, com textura semelhante à do pão de ló, generosamente recheados de creme e polvilhados com açúcar. Nas idas de fim de semana a Sintra, cidade eternizada nos romances de Eça de Queiroz, lisboetas e turistas não deixam de comprar caixinhas cheias de "fofos" para presentear entes queridos e, claro, agradar o próprio paladar. Até hoje, os bolinhos são feitos na Fábrica dos Fofos de Belas, conduzida pela família de Liberdade há quatro gerações (desde 1850).

INGREDIENTES

RECHEIO
- 50 g de açúcar
- 1 colher (sopa) de amido de milho
- 2 gemas de ovos
- 250 ml de leite

MASSA
- 100 g de farinha de trigo
- 1 colher (chá) de fermento em pó
- 4 ovos
- 100 g de açúcar
- Raspas de 1 limão
- Manteiga (para untar as fôrmas)
- Farinha (para polvilhar as fôrmas)

FINALIZAÇÃO
- Açúcar a gosto (para polvilhar)

UTENSÍLIOS
- 12 fôrmas de bom-bocado

MÃOS À OBRA

RECHEIO
Em uma vasilha, junte o açúcar, o amido de milho e as gemas, misture até ficar homogêneo e reserve. Em seguida, leve uma panela com o leite ao fogo e, quando este ferver, despeje lentamente sobre o preparo reservado, mexendo com delicadeza até ficar totalmente incorporado. Então, leve ao fogo novamente e mexa até engrossar, fazendo um creme. Por último, retire do fogo e deixe esfriar.

MASSA
Para começar, junte a farinha de trigo com o fermento, peneire e reserve. Na batedeira, reúna os ovos com o açúcar e bata até dobrar de volume. Então, adicione as raspas de limão e a farinha reservada, envolvendo bem, com uma colher. Depois, unte as forminhas com manteiga e polvilhe-as com farinha de trigo. Em seguida, distribua a massa nas forminhas e leve-as ao forno preaquecido à 180 °C e asse durante 25 minutos, tendo o cuidado de arrumá-las bem no centro do forno.

FINALIZAÇÃO
Desenforme os fofos quando estiverem mornos, corte-os ao meio e recheie-os com o creme de gemas. Depois, ajeite para que fiquem com bonita apresentação e polvilhe com açúcar, antes de servir.

MOUSSE DE CHOCOLATE E HORTELÃ

Chocolate é amor em forma de doce e um abraço no coração!

INGREDIENTES

- 4 ovos
- 4 colheres (sopa) de açúcar
- 300 g de chocolate meio amargo com menta
- 2 colheres (sopa) de manteiga
- 200 ml de creme de leite fresco
- Folhas de menta ou hortelã (para decorar)

MÃOS À OBRA

Primeiro, separe as gemas das claras. Então, peneire as gemas, coloque na batedeira, junte o açúcar e bata até formar um creme esbranquiçado. Reserve. Enquanto isso, quebre o chocolate em pedaços, coloque em uma vasilha, adicione a manteiga e leve ao micro-ondas por cerca de dois minutos, para derreter. Depois, agregue o chocolate derretido ao creme de gemas e reserve. Separadamente, na batedeira, bata o creme de leite fresco até obter o ponto de chantili e junte, delicadamente, mexendo com uma colher, ao creme reservado. Para finalizar, bata as claras em neve e envolva ao preparado anterior. Coloque na geladeira por no mínimo seis horas.

FINALIZAÇÃO

Coloque o mousse em uma taça, decore com as folhas de menta e sirva.

116 DOCES HISTÓRIAS PORTUGUESAS COM PITADAS DE EÇA

PUDIM DE REQUEIJÃO
(ricota fresca)

À mesa [jantar em casa da tia Vicência], onde os pudins, as travessas de doce de ovos, os antigos vinhos Madeira e do Porto, nas suas garrafas de cristal lapidado, fundiam com felicidade os seus tons ricos e quentes, Jacinto ficou entre a tia Vicência e uma das Rojões, a Luisinha, sua afilhada, que, pôr costume velho, quando jantava em Guiães, sempre se colocava à sombra da sua boa madrinha.

Eça de Queiroz, em *A cidade e as serras*

INGREDIENTES

CARAMELO
- 1 xícara (chá) de água
- 10 colheres (sopa) de açúcar

PUDIM
- 1 ricota fresca (400 g)
- 2 iogurtes naturais (320 g)
- 1 lata de leite condensado (395 g)
- 400 ml de creme de leite
- 6 ovos
- 150 g de açúcar

UTENSÍLIO
- 1 fôrma de pudim (sem furo no meio)

MÃOS À OBRA

CARAMELO
Em uma panela, junte a água com o açúcar e leve ao fogo, até obter um caramelo. Depois, transfira para a fôrma, cobrindo bem todo o fundo, e reserve.

PUDIM
Na batedeira, coloque a ricota, o iogurte, o leite condensado, o creme de leite, os ovos e o açúcar e bata muito bem. Quando estiver liso e homogêneo, transfira para a fôrma. Em seguida, coloque água em um tabuleiro e, dentro dele, disponha a fôrma. Feito isso, asse em banho-maria, em forno preaquecido, a 180 °C, por aproximadamente uma hora. Então, deixe esfriar e desenforme. Sirva gelado.

SEMIFRIO DE NATAS E FRUTAS VERMELHAS

> *Lentamente, o bom Justino, com a sua chávena fornecida de bolos, acercara-se da janela, como a espreitar o céu estrelado: e de entre as franjas das cortinas os seus olhinhos luzidios e gulosos chamavam-me confidencialmente.*
>
> Eça de Queiroz, em *A Relíquia*

É com seus olhos azuis e sorriso "matreiro" que a minha querida Cristina se deleita com leite condensado. Este doce só poderia ser para ela!

INGREDIENTES

SEMIFRIO

- 1 litro de creme de leite fresco
- 2 latas de leite condensado (790 g)
- 2 pacotes de gelatina sem sabor (24 g)

CALDA

- 400 g de frutas vermelhas
- 1 colher (café) de essência de baunilha
- 4 colheres (sopa) de açúcar

UTENSÍLIO

- 1 fôrma de furo no meio

MÃOS À OBRA

Primeiro, bata o creme de leite em ponto de chantili bem firme, com o auxílio de uma batedeira. Então, acrescente o leite condensado e, com uma colher, misture delicadamente. Depois, hidrate a gelatina (conforme instruções do pacote) e de imediato junte-a ao preparado anterior. Misture bem, até a gelatina estar totalmente dissolvida e incorporada ao creme. Em seguida, molhe com água a fôrma e, depois, preencha com o creme. Por último, coloque no freezer por no mínimo 12 horas. Para desenformar, mergulhe a fôrma na água quente e vire sobre o prato de servir.

CALDA

Em uma panela, coloque as frutas vermelhas, a essência de baunilha e o açúcar. Então, leve a mistura ao fogo baixo até obter uma calda espessa. Deixe esfriar antes de usar.

FINALIZAÇÃO

Regue o semifrio com a calda de frutas vermelhas e sirva.

TARTE DE AMÊNDOAS DA NUXINHA

Conhece a lenda das amendoeiras em flor? Há muito, muito tempo, na antiga cidade muçulmana de Chelb, hoje Silves, no Algarve, reinava Ibn-Almundim, conhecido pelo seu povo como o rei vitorioso. O soberano sempre vencia suas batalhas, mas uma vitória, em particular, foi marcante para o rei árabe: bateu povos do norte da Europa e, neste mesmo confronto, conheceu uma linda princesa nórdica de longos cabelos louros e olhos azuis reluzentes. Gilda havia sido aprisionada pelos soldados de Ibn-Almundim, que, encantado com a beleza da princesa, devolveu-lhe a liberdade e por ela se apaixonou perdidamente! Casaram-se e viveram felizes como nos contos de fadas..., mas Gilda adoeceu profundamente. O rei chamou magos, sábios e curandeiros de todo os lugares para encontrar a cura para a princesa, mas não havia jeito. Um velho curandeiro nórdico, então, disse que a princesa sofria de nostalgia da neve do seu país. Pensando em uma solução, um dia, o rei, ao passar pelo campo, notou uma árvore com folhas brancas muito lindas, a amendoeira, e disse: "É isto! Vou mandar plantá-las em volta do castelo e nas terras a perder de vista, assim vai parecer a neve das terras nórdicas". Chegou a primavera e, com ela, as amendoeiras em flor, e toda parte que a princesa avistava era igual à neve. Essa fábula de amor e cura levou a cozinha portuguesa à descoberta das amêndoas em receitas deliciosas. Tal como a lenda, Nuxinha leva a alegria e o deleite para a mesa de todos os amigos que comem esta deliciosa tarte!

INGREDIENTES

MASSA

- 100 g de manteiga
- 100 g de açúcar
- 1 ovo
- 200 g de farinha de trigo
- Manteiga q. b. (para untar)

COBERTURA

- 125 g de amêndoa em lâmina
- 125 g de manteiga
- 3 colheres (sopa) de leite
- 100 g de açúcar

UTENSÍLIOS

- 1 fôrma de fundo removível de 20 cm de diâmetro

MÃOS À OBRA

MASSA

Na batedeira, misture a manteiga com o açúcar até que este se dissolva totalmente. Depois, junte o ovo e siga batendo, até o preparo ficar homogêneo. Então, retire da batedeira, acrescente a farinha de trigo peneirada e, com as mãos, vá amassando até todos os ingredientes estarem incorporados, fazendo uma massa uniforme. Por fim, unte a fôrma de fundo removível, cubra o fundo e as laterais com a massa e asse em forno preaquecido a 180 °C, por cerca de 15 minutos.

COBERTURA

Em uma panela, coloque as amêndoas, a manteiga, o leite e o açúcar e, em fogo alto, sempre mexendo, deixe ferver por três minutos. Então, retire do fogo e disponha sobre a massa pré-assada, preenchendo-a completamente.

FINALIZAÇÃO

Volte com a torta para o forno preaquecido, a 180 °C, até dourar.

TERRINE DE CHOCOLATE

> *[...] a Espanha condecora todos os portugueses que cometam o arrojado feito de ir a Madrid! Sem distinção, sem escolha! O viajante português chega, o dono da* Fonda *traz-lhe chocolate – e um contínuo do Paço Real traz-lhe a comenda.*
>
> Eça de Queiroz, em *Uma Campanha Alegre – I*

INGREDIENTES

- 200 g de biscoito maisena
- 250 g de chocolate meio amargo
- 100 g de manteiga derretida
- 4 colheres (sopa) de rum
- 500 ml de creme de leite fresco para chantili
- 100 g de açúcar de confeiteiro
- 1 pacote de gelatina sem sabor

FINALIZAÇÃO

- 80 g chocolate meio amargo em lascas

UTENSÍLIO

- 1 fôrma de bolo inglês forrada com plástico-filme

MÃOS À OBRA

Comece o preparo batendo os biscoitos no processador e reservando-os. Enquanto isso, derreta o chocolate meio amargo. Depois, transfira os biscoitos triturados para uma vasilha e acrescente o chocolate derretido, a manteiga e o rum e mexa até obter uma massa homogênea. Reserve. Separadamente, bata o creme de leite fresco com o açúcar de confeiteiro até obter o ponto de chantili. Então, agregue à massa reservada e envolva bem. Em seguida, hidrate a gelatina conforme as instruções da embalagem e incorpore ao preparo. Então, transfira o conteúdo para a fôrma forrada com plástico-filme. Reserve na geladeira por oito horas. Por último, desenforme, cubra com lascas de chocolate e sirva bem gelado.

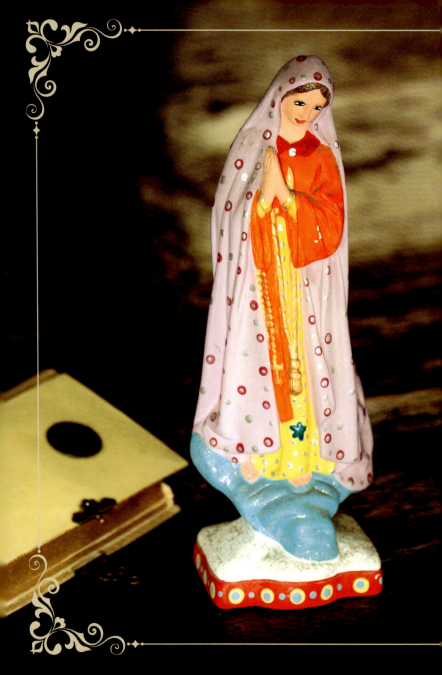

Capítulo 3

ENTRE O CÉU E A TERRA: CONVENTOS, FREIRAS, ABADES E O SEGREDO DOS OVOS

Para todas as religiões, o alimento é algo sagrado. No cristianismo, por exemplo, nós temos dois eventos icônicos com esse simbolismo: o primeiro é a imagem de Adao e Eva comendo o fruto proibido no paraíso, e o segundo, a mesa da Santa Ceia, na qual Jesus se reúne com todos os apóstolos, retratada quinze séculos depois por Leonardo da Vinci.

Na cultura portuguesa, esta relação entre culinária e religiosidade se faz muito presente. Segundo Gilberto Freyre, "os doces de freiras foram um dos maiores encantos da velha civilização portuguesa" (Freyre, 1997, p. 157). Desse fato, a literatura é testemunha. No livro *O crime do padre Amaro*, de Eça de Queiroz, temos episódios com sacerdotes ao redor da mesa às voltas com lautos banquetes, se "lambuzando" com comeres e beberes em exagero, o que certamente deu origem à gíria "comendo como abades". Claro que se trata do alto clero, não o popular padre de aldeia, que tinha nas suas refeições comidas modestas.

No tocante à culinária e, sobretudo, à doçaria portuguesa, um ingrediente tem um protagonismo marcante: os ovos, e isso tem uma explicação. No século XV, e até antes, Portugal era um dos maiores produtores de ovos da Europa. Somado a isso, havia o fato de que os camponeses doavam parte dos ovos de suas galinhas a igrejas e mosteiros próximos – eram produtos que tinham grande aproveitamento, para além da alimentação.

A clara de ovo, por exemplo, era usada tanto na produção de hóstias quanto para engomar os hábitos religiosos dos padres e das freiras e as indumentárias dos aristocratas. Também servia como cola para decorar altares e ornamentos com folha de ouro nas fachadas. Outro uso muito comum era para "clarificar o vinho" (uma espécie de "purificante"), tornando o país um forte exportador das claras para produtores de vinho branco.

E o que fazer com as gemas? Inicialmente, iam para o lixo, ou serviam para alimentar os animais. Com a descoberta da Ilha da Madeira e o aparecimento do açúcar – e mais tarde do açúcar do Brasil –, foi só misturá-las com água e açúcar para se ter uma junção magnífica. Afinal, era hábito fazer receitas – e experimentar novidades – com os insumos a que se tinha acesso. Assim, os conventos e mosteiros preparavam nas suas cozinhas as mais belas receitas do país!

William Beckford, um ilustre aristocrata, romancista e viajante inglês que frequentava as casas de seus pares em Portugal, no final do século XVIII, fez a seguinte afirmação sobre os doces portugueses: "uma preparação dos mais frescos ovos que já foram postos, com o mais rico açúcar que já foi destilado das mais finas canas que já cresceram nos Brasis para consumo privado: ainda mais doce que todos os doces jamais confeccionados." (Beckford, 1987, p. 126), antes de descrever um cesto de doces "embrulhados em papel recortado [e mandados por] uma boa abadessa [...]" (Beckford, 1987, p. 128).

No entanto, no século XVIII, as ordens religiosas são extintas, trazendo para esses espaços a necessidade de assegurar outras formas de sustento. Uma vez que muitas meninas tinham por hábito trazer os livros de receitas de família para os internatos e por estarem, em seu retiro, acompanhadas por criadas, a produção local de doces tradicionais tornou-se um caminho natural, visto que os conventos e mosteiros tinham um excedente de gemas. As freiras começaram a comercializar essas iguarias como forma de gerar renda, criando, assim, uma tradição na confeitaria nacional. Estas receitas foram passadas de geração a geração, levando adiante modos de preparo e até os utensílios típicos, como os tachos de cobre onde os doces eram e são confeccionados.

Atualmente, existem, na confeitaria portuguesa, pelo menos oito pontos de açúcar, que resultam da precisão de mãos habilidosas.

A criação primorosa de pontos, caldas e texturas misturados às gemas faz maravilhas na doçaria conventual portuguesa. O nome "doce conventual" define sua procedência, e as receitas, hoje certificadas, são um patrimônio nacional. Os autênticos doces conventuais contam a história de Portugal! Mas saiba: nem todas as receitas portuguesas que levam ovos são conventuais.

Entre as receitas deste capítulo, figuram delícias como o toucinho do céu e a sopa dourada conventual. Também desfilam por essas páginas doces de gemas e amêndoas, que fazem parte do receituário tradicional português e são sobremesas obrigatórias nos almoços de família. Os ovos-moles de Aveiro, em particular, pertencem às minhas memórias afetivas de viagens para o Porto com os meus avós. Lembro até hoje das barriquinhas de madeira onde eram comprados. E dos pastéis de Tentúgal nas vitrines das melhores confeitarias de Coimbra.

Os papos de anjo e as barrigas de freira de Arouca também são imbatíveis nas mesas nas datas festivas. As cornucópias de Alcobaça e os fios de ovos caem bem para comer com calda ou para "adornar" algum doce de ovos.

Quanto ao pastel de nata, que é o ex-líbris de Portugal, quem não gosta dele polvilhado de canela e acompanhado de um cafezinho? E um pudim abade de Priscos, em algum bom restaurante do norte de Portugal, e o leite creme à moda lá de casa... na mesa da minha casa?

A ambrosia, então, nem se fala! É uma sobremesa mais da província, mas que tem muita força aqui no Brasil, encontrada até mesmo em locais onde não houve uma forte presença da imigração portuguesa. E, para finalizar, chegam as natas do céu, um doce mais moderno que junta estilos conventuais portugueses e chantili tipicamente francês: mais um item para a lista que faz o deleite do mais exigente comensal! Deleitem-se!

AMBROSIA

Manjar delicioso de que se alimentavam os deuses do Olimpo e que conservava a imortalidade!

INGREDIENTES

- 12 ovos inteiros
- 700 g de açúcar branco
- 1 litro de leite integral
- Suco de 1 laranja-baía
- Suco de 1 limão
- 6 cravos
- 2 paus de canela
- Canela em pó (para polvilhar, opcional)

MÃOS À OBRA

Primeiro, bata os ovos no liquidificador e reserve. Depois, em uma panela de fundo grande, coloque metade do açúcar e deixe dar uma leve caramelizada. Então, adicione o leite, o restante do açúcar, os ovos batidos, os sucos de laranja e de limão, os cravos e os paus de canela e mexa. Em seguida, coloque em fogo baixo, deixando a mistura cozinhar por aproximadamente uma hora, mexendo ocasionalmente. Deixe esfriar antes de servir.

BARRIGA DE FREIRA DE AROUCA

> *Sentia [Luísa] uma felicidade exuberante que transbordava em gritinhos, em beijos, em toda a sorte de gestos buliçosos. Comia com gula; e eram adoráveis os seus braços nus movendo-se por cima dos pratos.*
>
> Eça de Queiroz, em *O primo Basílio*

Receita tradicional saída dos tachos de cobre das freiras Bernardas, do antigo Convento de Santa Mafalda. Pertence ao patrimônio imaterial da região de Arouca e ao imaginário do povo português. Afinal, o que será uma barriga de freira?

INGREDIENTES

- 300 g de açúcar
- 185 ml de água
- 150 g de miolo de pão duro
- 9 gemas de ovo
- 150 g de farinha de amêndoa
- 3 colheres (sopa) de manteiga
- Canela em pó (para polvilhar)

MÃOS À OBRA

Em uma panela, coloque o açúcar e a água e leve ao fogo até obter uma calda em ponto de pérola. Reserve. Enquanto isso, triture o miolo de pão até ficar em pó e reserve. Em uma tigela, bata as gemas, junte o miolo de pão e a farinha de amêndoas e mexa. Adicione, em seguida, a calda de açúcar em fio, mexendo sempre. Depois, transfira para uma panela e leve ao fogo, adicionando a manteiga e mexendo sempre, até engrossar ou ferver. Retire do fogo, coloque em um bonito recipiente de barro e polvilhe com canela.

CORNUCÓPIAS DE ALCOBAÇA

Canudos de puro prazer! Doces estes que foram inspirados em um vaso de formato cônico – que na Antiguidade simbolizava a fertilidade e a abundância. Do interior desses chifres, proliferavam frutos e flores, personificando a abundância. Segundo "reza" a lenda, as cornucópias tiveram a sua origem no século XII, no Mosteiro de Coz, em Alcobaça.

INGREDIENTES

RECHEIO

- 300 g de açúcar
- 1 1/2 xícara (chá) de água
- 60 g de farinha de arroz
- 1 xícara (café) de água (para dissolver a farinha de arroz)
- 8 gemas

MASSA

- Farinha de trigo (para enfarinhar a superfície de trabalho)
- 4 xícaras (chá) de farinha de trigo
- 2 colheres (chá) de sal
- 4 colheres (sopa) de aguardente
- 6 colheres (sopa) de óleo ou gordura vegetal
- 12 colheres (sopa) de água
- Manteiga (para untar)
- Óleo (para fritar)

FINALIZAÇÃO

- Açúcar (para polvilhar)
- Canela em pó (para polvilhar)

UTENSÍLIO

- 20 fôrmas em formato de cone

MÃOS À OBRA

RECHEIO

Em uma panela, coloque o açúcar e a água, leve ao fogo e deixe ferver até ficar em ponto de espadana. Reserve. Em seguida, em um recipiente, dissolva a farinha de arroz em água e transfira para a panela da calda de açúcar. Leve a mistura em fogo baixo, mexendo até ferver e reserve. Enquanto isso, coloque as gemas em uma vasilha e mexa delicadamente. Depois, agregue uma pequena quantidade da mistura reservada ainda morna às gemas e mexa para incorporar. Feito isso, coloque tudo na panela reservada, misture e leve novamente ao fogo, até cozinhar as gemas e atingir a cremosidade desejada.

MASSA

Primeiro, enfarinhe a superfície de trabalho e, sobre ela, faça um monte com a farinha de trigo. Então, cave um buraco no meio e coloque o sal, a aguardente, o óleo e a água. Amasse bem até que a massa fique bem lisinha, soltando das mãos. Deixe descansar por 30 minutos. Com um rolo, abra a massa bem fina e, depois, corte tiras de dois centímetros. Em seguida, unte a parte de fora das fôrmas com manteiga e, então, enrole ao redor delas as tiras de massa, não deixando cobrir a "boca" da fôrma. Tenha cuidado também para não deixar nenhuma abertura na massa dos canudos (para não vazar, depois, o recheio). Em uma frigideira, frite os cones em óleo não muito quente, até ficarem dourados por igual.

FINALIZAÇÃO

Desenforme os canudinhos e polvilhe com açúcar e canela. Finalize recheando cada um com ovos-moles de Aveiro e sirva.

FIOS DE OVOS

Fios de ouro mergulhados em água e açúcar!

INGREDIENTES

- 12 gemas
- 500 ml de água
- 1 kg de açúcar

UTENSÍLIO

- Funil de fios de ovos

MÃOS À OBRA

Em uma vasilha, coloque as gemas, envolva com cuidado e reserve. Enquanto isso, em uma panela, coloque a água e o açúcar e deixe ferver por cinco minutos, até fazer uma calda. Mantenha a panela no fogo. Então, passe as gemas por um funil de fazer fios de ovos e deixe os fios caírem na panela onde a calda está fervendo, sempre com movimentos circulares. Ferva por instantes e retire-os com uma escumadeira. Em seguida, deixe escorrer e reserve a calda. Sirva os fios de ovos bem umedecidos pela calda.

LEITE CREME À MODA LÁ DE CASA

Havia um cheiro de creme queimado [no jantar literário do Hotel Universal], em que errava subtilmente um fiozinho de limão. As duas velas do piano estavam acesas, porque Sarrotini prometera uma ária.

Eça de Queiroz, em *A capital*

INGREDIENTES

- 600 ml de leite
- 300 ml de creme de leite fresco
- 1 tira de casca de limão-siciliano sem a parte branca
- 9 gemas
- 240 g de açúcar
- 2 colheres (sopa) de amido de milho
- Açúcar q. b. (para polvilhar)

UTENSÍLIO

- Maçarico culinário

MÃOS À OBRA

Em uma panela, coloque o leite, o creme de leite fresco e a casca de limão-siciliano e leve ao fogo, até ferver. Então, retire do fogo e deixe repousar por 15 minutos. Na batedeira, disponha as gemas, o açúcar e o amido de milho e bata. Depois, despeje o preparado anterior sobre as gemas batidas, mexa vigorosamente e leve ao fogo até engrossar, mexendo sempre. Por fim, transfira para um recipiente baixo e deixe esfriar completamente.

FINALIZAÇÃO

Na hora de servir, polvilhe açúcar e queime com um maçarico, para caramelizar.

NATAS DO CÉU

Trata-se de um doce que, após lauta refeição, é perfeito para comer em uma taça bem geladinha, que vai proporcionar ao comensal suavidade e a finalização de uma maneira apoteótica. O nome já sugere: sua degustação abre diretamente as portas do céu! Receita passada de geração em geração, com os segredos de família e a memória de bons momentos. Muitas casas de pasto[6] portuguesas fazem uma sobremesa similar, que intitulam "doce da casa". Não deixe de experimentar!

---

6 Estabelecimentos que servem refeições.

INGREDIENTES

BISCOITO

- 1 pacote de biscoito tipo Maria

CREME DE GEMAS

- 6 gemas de ovo
- 1 xícara (chá) de açúcar
- 1 xícara (chá) de leite

CREME BRANCO

- 1 pacote de creme de leite fresco (de longa duração)
- 6 colheres (sopa) de açúcar
- 6 claras de ovo

MÃOS À OBRA

BISCOITO

Triture os biscoitos e reserve.

CREME DE GEMAS

Na batedeira, junte as gemas com o açúcar e bata. Desligue, acrescente o leite e, com uma colher, envolva com delicadeza. Então, leve ao fogo, sempre mexendo, até engrossar e obter um creme. Retire do fogo, deixe esfriar e reserve.

CREME BRANCO

Primeiro, bata o creme de leite fresco com 4 colheres (sopa) de açúcar em ponto de chantili e reserve. Depois, na batedeira, bata as claras em castelo (com consistência firme) e, praticamente ao final, adicione o restante do açúcar. Em seguida, desligue a batedeira, acrescente a mistura reservada e envolva com cuidado.

FINALIZAÇÃO

Ao servir, coloque alternadamente nas taças camadas de biscoito triturado e de natas até estarem quase que totalmente preenchidas. No topo, faça uma camada com creme de ovos. Deixe descansar na geladeira e sirva bem frio.

OVOS-MOLES DE AVEIRO

São seis barrilinhos d'ovos moles de Aveiro. É um doce muito 'chic'... Pergunte V. Ex.ª ao Carlos. Pois não é verdade, Carlos, que é uma delícia, até conhecido lá fora?

Eça de Queiroz, Os *Maias*

A receita de ovos-moles nasceu no Convento de Jesus de Aveiro e data do século XVI. O doce era feito para evitar o desperdício das gemas que sobravam nos conventos, já que, como dissemos anteriormente, as claras de ovo eram usadas para engomar os hábitos das freiras, as batinas dos padres e também para clarificar o vinho que se produzia por lá. Foi assim que, para nosso deleite, as gemas se tornaram as grandes rainhas da doçaria conventual portuguesa!

INGREDIENTES

- 300 g de açúcar
- 1 1/2 xícara (chá) de água
- 60 g de farinha de arroz
- 1 xícara (café) de água (para dissolver a farinha de arroz)
- 8 gemas

MÃOS À OBRA

Em uma panela, coloque o açúcar e a água, leve ao fogo e deixe ferver até ficar em ponto de espadana. Em seguida, dissolva a farinha de arroz em água, transfira para a panela da calda e leve a fogo baixo, mexendo até ferver. Reserve. Enquanto isso, coloque as gemas em uma vasilha e mexa delicadamente. Depois, agregue uma pequena quantidade do preparo reservado ainda morno às gemas e mexa para incorporar. Em seguida, devolva a mistura para a panela reservada. Então, misture tudo e leve novamente ao fogo, até cozinhar as gemas e atingir a cremosidade desejada.

PAPOS DE ANJO

Os papos de anjo são uma memória afetiva em forma de doce: bolas achatadas de ovos "nadando" na calda translúcida. Só pode ser receita dos anjos!

INGREDIENTES

CALDA

- 2 litros de água
- 1 kg de açúcar
- 1 pau de canela
- 1 tira de casca de limão
- 3 colheres (sopa) de vinho do Porto Tawny

PAPOS DE ANJO

- 12 gemas de ovo caipira
- Manteiga (para untar as fôrmas)

UTENSÍLIO

- 25 forminhas abauladas ou de empada

MÃOS À OBRA

CALDA

Em uma panela, leve ao fogo a água, o açúcar, o pau de canela e a casca do limão. Então, acrescente o vinho do Porto e deixe ferver em fogo baixo por 20 minutos, até formar uma calda. Retire do fogo e reserve.

PAPOS DE ANJO

Preaqueça o forno a 200 °C. Enquanto isso, na batedeira, bata as gemas até dobrarem de volume e a cor se tornar mais clara. Na sequência, unte as forminhas muito bem com manteiga e preencha-as, até a metade, com o creme de gemas. Por último, coloque as forminhas em um tabuleiro e leve ao forno preaquecido, à temperatura de 200 °C de 6 a 8 minutos.

FINALIZAÇÃO

Por fim, transfira a calda para um recipiente de vidro, desenforme os papos de anjo com cuidado e coloque-os na calda.

PASTÉIS DE TENTÚGAL

Os pastéis de Tentúgal surgiram no Convento da Nossa Senhora da Natividade, pelas mãos mágicas das freiras da Ordem Carmelita, que ali viveram entre 1565 e 1898. De sabor exuberante, o doce é composto por "finíssimas e estaladiças folhas de massa", que, com "o distinto recheio de ovos, fazem uma combinação única que tem de ser apreciada até a última migalha".[7]

---

[7] Citações extraídas de: https://www.cm-montemorvelho.pt/index.php/component/k2/item/719-pastel-de-tentugal. Acesso em: 14 jan. 2025.

INGREDIENTES

DOCE DE OVOS (PARA O RECHEIO)

- 400 g de açúcar
- Casca de 1 limão
- 2 xícaras (chá) de água
- 2 fatias de pão de fôrma sem a casca
- 100 g de manteiga
- 12 gemas de ovos passadas na peneira

FINALIZAÇÃO

- 300 g de massa filo
- Manteiga derretida q. b.
- Açúcar de confeiteiro (para polvilhar)

MÃOS À OBRA

DOCE DE OVOS

Em uma panela, coloque o açúcar, a casca de limão e a água e leve a fogo baixo, sem mexer, por 20 minutos, até obter uma calda. Então, retire do fogo e, com a calda ainda quente, coloque as fatias de pão e a manteiga e deixe esfriar. Depois, acrescente as gemas e volte a colocar em fogo baixo, mexendo com cuidado até dar o ponto cremoso e reserve.

FINALIZAÇÃO

Para finalizar, primeiro, pincele a superfície de uma folha de massa filo com manteiga derretida, coloque sobre ela outra folha de massa filo e, também, pincele com manteiga. Depois, corte em quatro partes iguais (para fazer quatro pastéis). Em seguida, recheie cada uma delas com duas colheres (sopa) de doce de ovos. Feito isso, enrole a massa e dobre as pontas para cima. Então, coloque um pouco de manteiga com um pincel por baixo das dobras e em cima. Na sequência, forre um tabuleiro com tapete de silicone ou papel-manteiga e arrume os pastéis (esta receita rende em torno de 15 pastéis). Depois, asse em forno preaquecido a 180 °C por cerca de dez minutos (ou até ficarem douradinhos). Ao retirar do forno, polvilhe açúcar de confeiteiro sobre os pastéis.

PASTEL DE NATA

Indicava [o Alves Coutinho] as especialidades: Para os folhados, o Cocó! Para as natas, o Baltresqui! Para as gelatinas, o Largo de São Domingos!

Eça de Queiroz, em *O primo Basílio*

INGREDIENTES

RECHEIO

- 300 ml de leite integral
- 500 ml de creme de leite fresco
- 2 tiras de casca de limão
- 60 g de farinha de trigo
- 300 g de açúcar
- 9 gemas peneiradas

MASSA

- Farinha de trigo (para enfarinhar)
- 600 g de massa folhada
- Manteiga (para untar)

FINALIZAÇÃO

- Açúcar de confeiteiro a gosto
- Canela em pó a gosto

UTENSÍLIOS

- 20 forminhas de empada

MÃOS À OBRA

RECHEIO

Em uma panela, coloque o leite, o creme de leite e a casca de limão e deixe ferver. Reserve. Enquanto isso, em uma vasilha, junte a farinha de trigo com o açúcar e mexa. Depois, junte as gemas e misture novamente. Sem parar de mexer, adicione, ainda quente, o preparo de leite reservado, com cuidado. Por fim, leve ao fogo até engrossar e obter um creme, mas não deixe ferver. Reserve e deixe esfriar.

MASSA

Antes de iniciar o preparo, enfarinhe a superfície de trabalho. Depois, com um rolo, abra sobre ela a massa folhada. Em seguida, dobre a massa e, novamente, passe o rolo. Então, com um copo, corte círculos de massa com o mesmo diâmetro das fôrmas de empada. Feito isso, unte as fôrmas de empada com manteiga e forre-as com uma rodela de massa, esticando-a até a borda. Reserve as fôrmas com massa na geladeira por 20 minutos antes de rechear.

FINALIZAÇÃO

Conclua o preparo, preenchendo as fôrmas reservadas com o creme e assando em forno preaquecido entre 250 °C e 280 °C. Quando estiverem douradas, retire-as do forno e deixe que esfriem para, então, desenformá-las. Sirva os pastéis de natas com açúcar de confeiteiro e canela em pó para o comensal polvilhar ao próprio gosto.

PUDIM ABADE DE PRISCOS

Este doce do século XIX foi criado por Manuel Joaquim Rebelo, que, em terras de Braga, serviu à sua paróquia por 47 anos. Os dados não são precisos, mas conta a história que o abade utilizava seu talento e seu paladar único para preparar os mais variados pratos. Ele, que raramente registrava suas criações gastronômicas, levava consigo, e para todo lado, uma "pasta mágica" onde guardava um arsenal de temperos.

Em episódio famoso, no dia 3 de Outubro de 1887, durante a passagem do rei D. Luís I e da Família Real pelo norte de Portugal, o famoso abade foi convidado para preparar banquetes na Póvoa de Varzim. Conta-se que, em um dos dias da estadia real, o abade triturou um pouco de palha, que seria especialmente preparada para D. Luís I.

Após o banquete, D. Luís I fez questão de conhecer o abade Manuel Rebelo e felicitá-lo, querendo saber qual o segredo de determinados pratos de sabor tão singular. O abade respondeu: "É palha, Senhor!" D. Luís, ultrajado com tal afirmação, questiona mais uma vez: "Palha?! Como ousas dar palha ao teu rei?". O abade, com um sorriso malicioso, acaba por baixar a cabeça e responde: "Perdoai-me, Senhor, mas toda a gente come palha, a questão é saber cozinhá-la!".

Histórias à parte, o abade é famoso pelo pudim, que se tornou unanimidade nacional portuguesa. A receita famosa é copiada por milhares, por causa de seus ingredientes, entre eles o açúcar, o vinho do Porto e as quinze gemas de ovo. Um toque inusitado transforma este pudim em um manjar dos deuses... Não, não é palha, mas cinquenta gramas de toucinho de porco!

INGREDIENTES

- 450 g de açúcar
- 500 ml de água
- 50 g de toucinho gordo, sem casca
- 1 tira de casca de limão
- 1 pau de canela
- 15 gemas peneiradas
- 1 cálice (30 ml) de vinho do Porto

MÃOS À OBRA

Em uma panela, coloque 300 g de açúcar, a água, o toucinho, a casca de limão e a canela e leve ao fogo alto até ficar em ponto de calda. Em seguida, retire a calda do fogo, passe por uma peneira e reserve. Enquanto isso, em uma vasilha, coloque as gemas peneiradas e o vinho do Porto e misture-os ligeiramente. Depois, acrescente a calda reservada à mistura, mexendo delicadamente. Feito isso, coe o preparado e deixe esfriar um pouco. Então, em uma fôrma, coloque o açúcar restante e leve ao fogo, até obter um caramelo bem claro. Na sequência, preencha a fôrma com o preparado anterior. Em seguida, coloque água em um tabuleiro, arrume nele a fôrma e asse o pudim em banho-maria, no forno preaquecido a 180 °C, por 45 minutos a 1 hora. Para saber se já está assado, faça o teste do palito (espete a massa e, se o palito sair seco, sem massa grudada nele, está pronto). Espere esfriar e desenforme.

SOPA DOURADA CONVENTUAL

"Deitado numa acha ao lume, pensei como devia estar boa a sopa dourada da tia Vicência. Há quantos anos não a provava, nem o leitão assado, nem o arroz de forno da nossa casa", ele diz. Ele decide voltar, enche a mala com as calças, peúgas e um Tratado de Direito Civil para aprender as leis que regem os homens. Ele avisa Jacinto que está voltando para o campo e o amigo diz horrorizado, afinal, sair da civilização? "Para Guiães? Oh, Zé Fernandes! Que horror!". Zé Fernandes relembra o momento em que o amigo o levou ao trem: "A mágoa conviria excelentemente ao meu funeral". Ao chegar em Guiães, ele parte correndo para provar a iguaria de Tia Vicência. "Comi com delícias a sopa dourada!"

Eça de Queiroz, em *A cidade e as serras*

INGREDIENTES

- 2 fatias de pão de fôrma sem casca
- Manteiga (para fritar)
- 300 ml de água
- 300 g de açúcar
- 100 g de amêndoa torrada e ralada finamente
- 10 gemas
- 1 colher de (chá) de canela em pó
- 50 g de farofa de amêndoa torrada

MÃOS À OBRA

Primeiro, corte o pão em cubos pequenos. Depois, em uma frigideira, frite-os na manteiga, escorra e reserve-os. Enquanto isso, em uma panela, junte a água com o açúcar, tampe e leve ao fogo. Quando a mistura ferver, deixe por mais três minutos, desligue e espere amornar. Feito isso, junte à calda as amêndoas e o pão frito e coloque de novo no fogo até ferver. Reserve. Quando a mistura estiver fria, acrescente as gemas peneiradas e batidas e leve ao fogo, mexendo sempre, para engrossar. Por fim, retire do fogo, coloque a canela em pó e mexa vigorosamente. Sirva em taças, polvilhado com a farofa de amêndoas.

TOUCINHO DO CÉU

Segundo as más línguas da época, que isto de maledicência não é de ontem nem de hoje, uma das razões apontadas para justificar a tão famosa mesa conventual, prende-se com o facto de, em alguns daqueles retiros de clausura, meditação e bondade, se receber, altas horas da noite, a visita de gente grada da corte, quando não do próprio rei em carne e osso. Daí os pantagruélicos repastos ... e não só. Boatos? Calúnias?... O certo é que se perde no tempo o adágio "quem vive no convento é que sabe o que lá vai dentro". Para bom entendedor...

Para si, com a benção dos céus, alguns doces conventuais.

Manuel Luís Goucha, em *Em banho-manel: comeres, dizeres e beberes*

INGREDIENTES

- 125 ml de água
- 220 g de açúcar
- 2 tiras de casca de limão
- 250 g de amêndoa sem casca moída
- 1 colher (chá) de manteiga
- 10 gemas de ovo
- 1 ovo inteiro
- Manteiga (para untar)
- Farinha de trigo (para polvilhar)
- Açúcar de confeiteiro (para decorar)

UTENSÍLIO
- 1 fôrma de 22 cm de diâmetro lisa de aro removível

MÃOS À OBRA

Em uma panela, coloque a água, o açúcar e a casca do limão e ferva por alguns minutos, até que forme uma calda. Feito isso, junte as amêndoas e a manteiga e mantenha no fogo, mexendo sempre. Quando ferver, deixe no fogo por mais três minutos e retire. Depois, descarte a casca de limão e deixe amornar. Enquanto isso, bata as gemas e o ovo, transferindo para a panela com a calda morna, em seguida. Então, leve a mistura de novo ao fogo, sem parar de mexer, até atingir o ponto de estrada. Feito isso, retire do fogo e deixe esfriar um pouco. Em sequência, unte toda a fôrma com manteiga e polvilhe com farinha. Depois, preencha com o preparado e leve ao forno preaquecido por 25 minutos. Deixe esfriar bem e desenforme sobre um prato de servir. Polvilhe com açúcar de confeiteiro.

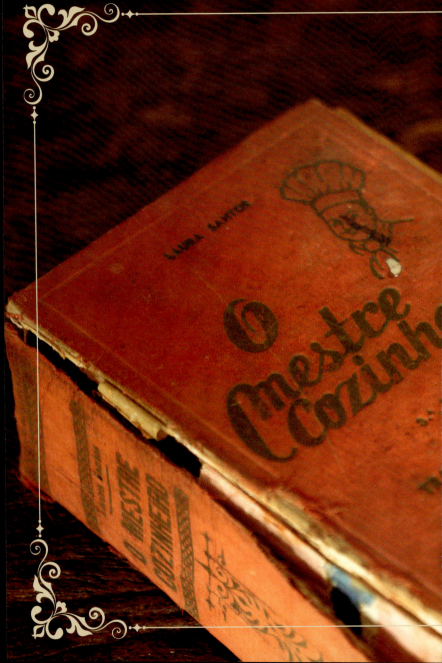

Capítulo 4

TRADIÇÕES E RITUAIS... O DOCE NUNCA AMARGOU

Era uma tarde ensolarada de inverno e eu subia lentamente de carro aquela estrada íngreme. Um horizonte sem fim, com pedras majestosas – as famosas fragas – de Trás-os-Montes suspensas no abismo. Obra de Deus, sem dúvida! De uma beleza impactante. E o poema de Alberto Caeiro (heterônimo de Fernando Pessoa) me veio à cabeça:

PELO TEJO VAI-SE PARA O MUNDO

XX

O Tejo é mais belo que o rio que corre pela minha aldeia,
Mas o Tejo não é mais belo que o rio que corre pela minha aldeia
Porque o Tejo não é o rio que corre pela minha aldeia.

O Tejo tem grandes navios
E navega nele ainda,
Para aqueles que veem em tudo o que lá não está,
A memória das naus.

O Tejo desce de Espanha
E o Tejo entra no mar em Portugal.
Toda a gente sabe isso.
Mas poucos sabem qual é o rio da minha aldeia
E para onde ele vai
E donde ele vem.
E por isso porque pertence a menos gente,
É mais livre e maior o rio da minha aldeia.

Pelo Tejo vai-se para o mundo.
Para além do Tejo há a América
E a fortuna daqueles que a encontram.
Ninguém nunca pensou no que há para além
Do rio da minha aldeia.

O rio da minha aldeia não faz pensar em nada.
Quem está ao pé dele está só ao pé dele. (Pessoa, 2013, p. 55)

O rio estava lá embaixo, se espreguiçando na paisagem, mas não era o Tejo: era o rio que corria a caminho de alguma aldeia, que não sei qual o nome... Fui nesta viagem com minha amiga Madalena Avelar, para "sentir", pesquisar e me inspirar nos ares de Portugal. Nessa aventura, decidi que queria escrever sobre tradições portuguesas. Claro que tinha que começar pelos doces, na sua essência!

Nestas aldeias pequenas, tudo "respira" tradição e história, e o tempo nesses locais do interior de Portugal não passa. Tudo é simpático e calmo, com muitas igrejas, lugares de reza e ruas desertas. Os poucos habitantes sentados nas soleiras das portas, deixando as horas passarem devagar, acenam para nós com um adeus tímido, mas sincero.

Restaurei as energias após um ano de trabalho e resolvi que ia fazer este livro sobre doces e minhas e nossas histórias portuguesas! Afinal, tradições e rituais fazem a identidade de um país, e com Portugal não é diferente! São festas católicas e pagãs que ritualizam os costumes e a comida; rituais sociais e culturais à mesa, que fazem parte da cultura alimentar portuguesa. O doce, por exemplo, sempre vem no final de uma refeição – parte-se do princípio, portanto, que ele tem que ser a apoteose, o ato de "fechar com chave de ouro", como diz a expressão.

Como não pensar nas personagens das obras de Eça de Queiroz passeando em Sintra e levando um pacote de queijadas para comer em um piquenique? Como não lembrar de madre Paula, amante do Rei, e a fabulosa marmelada de Odivelas? E o chá das 5 e os biscoitos amanteigados? Além, claro, dos biscoitos de azeite. E a festa de Santo Antônio, em que temos sardinha assada e arroz-doce?!

Tem também um bolo de nome engraçado: tecolameco – que é uma delícia – e é outra tradição de Portugal! Não podemos nos esquecer da aletria doce, as paridas, o bolo de mel com nozes, o pão de ló de Margaride: estrelas nas mesas portuguesas!

Contamos ainda com as arrufadas de Coimbra, ferraduras, bolos vendidos nas romarias e lindamente arrumados em cestas cobertas com panos quadriculados ou grandes panos de linho! Ou então com os pastéis de feijão estaladiços para o café da tarde, o bolo de queijo de cabra e amêndoa e o pudim de veludo da Madeira para finalizar uma refeição.

E a rosca real... a minha inspiração de bolo rei, a minha adaptação, pois eu sentia saudades aqui no Brasil de comprar um bom bolo rei e resolvi adaptar essa receita. As bolinhas brancas açucaradas, então, parecem embrulhadas na areia branquinha da praia de Cascais. Fechando com chave de ouro e tradição, aproveitem e lembrem-se sempre: "o doce nunca amargou"!

168 DOCES HISTÓRIAS PORTUGUESAS COM PITADAS DE EÇA

ALETRIA DOCE

Havia creme crestado a ferro de engomar, um prato de ovos queimados, aletria com as iniciais do Conselheiro desenhadas a canela.

Eça de Queiroz, em *O primo Basílio*

INGREDIENTES

- 150 g de aletria (macarrão cabelo-de-anjo)
- 1 litro de leite integral
- 250 g de açúcar
- 2 tiras de casca de limão
- 1 pau de canela
- 50 g de manteiga
- 3 gemas de ovos batidas
- 1/2 colher (chá) de canela em pó

MÃOS À OBRA

Comece o preparo colocando uma panela com água no fogo. Quando abrir fervura, acrescente a aletria e cozinhe por três minutos. Então, escorra e descarte a água. Em seguida, adicione o leite, o açúcar, a casca de limão e o pau de canela e cozinhe em fogo médio até a aletria ficar macia. Depois, retire do fogo, acrescente a manteiga e as gemas batidas e misture. Volte, então, com a aletria para o fogo, mexendo sempre, até notar que as gemas estão ligeiramente cozidas. Por fim, transfira o doce para uma travessa e polvilhe canela em pó.

AREIAS DE CASCAIS

Estes pequenos bolinhos têm origem no século XIX e foram feitos por famílias de pescadores, inspirados na areia da praia de Cascais. Singelos e populares, derretem na boca e fazem parte do receituário da cidade. Uma curiosidade é que, em um passado recente, a palavra "areia" significava tolo! Serão bolinhos tolos? De jeito nenhum!

INGREDIENTES

- 200 g de manteiga derretida
- 125 g de açúcar
- 300 g de farinha de trigo
- 1 colher (café) de raspa de limão
- Farinha de trigo (para enfarinhar)
- Manteiga (para untar)
- Açúcar a gosto (para finalizar)

MÃOS À OBRA

Na batedeira, junte a manteiga e o açúcar e bata até obter um creme fofo e branquinho. Em seguida, mexendo com a mão, adicione a farinha de trigo e a raspa de limão e amasse até obter uma massa lisa e uniforme. Então, envolva a massa com plástico-filme e deixe descansar por 30 minutos. Feito isso, enfarinhe uma superfície de trabalho e, sobre ela, estique a massa com um rolo. Depois, corte pequenas porções com uma faca e, com elas, molde bolinhas. Na sequência, unte um tabuleiro com manteiga, cubra com papel-manteiga e unte-o também. Por fim, disponha as bolinhas mantendo distância entre elas e asse em forno preaquecido à 200 °C, por cerca de 10 minutos. Retire do forno e passe no açúcar as areias ainda quentes. Deixe esfriar e guarde em frascos hermeticamente fechados.

ARROZ-DOCE DE SANTO ANTÓNIO

Então começou a minha [a de Teodoro] vida de milionário. Deixei bem depressa a casa de Madame Marques – que, desde que me sabia rico, me tratava todos os dias a arroz doce, e ela mesma me servia, com o seu vestido de seda dos domingos.

Eça de Queiroz, em *O Mandarim*

O arroz-doce é uma receita simples da cozinha portuguesa, com lugar cativo em festas e romarias, tanto nas casas humildes quanto nos palacetes. É, sempre, uma tradição nos casamentos do interior de Portugal. O arroz é um alimento simbólico, pois "rende" e nutre o corpo e a alma. Sua origem vem possivelmente dos mouros, que ocuparam o território antes da independência portuguesa, que se deu a partir do século XII. O arroz-doce inspirou uma das primeiras receitas conhecidas noutros países pela designação "à portuguesa". Popular e delicioso, faz parte das lembranças de infância de muita gente e é sempre um grande sucesso na mesa das nossas memórias afetivas!

INGREDIENTES

- 200 g de arroz
- 2 litros de leite
- 1 pau de canela pequeno
- 2 tiras de casca de limão
- 500 g de açúcar
- 1 pitada de sal
- 100 g de manteiga
- 10 gemas de ovos
- Canela em pó a gosto

MÃOS À OBRA

Primeiro, em uma panela com bastante água, cozinhe o arroz até ficar bem macio. Depois, em outra panela, coloque o leite, o pau de canela e as cascas de limão e deixe ferver. Então, junte o arroz cozido ao leite e, em fogo baixo, ferva-os por mais 15 minutos. Ainda com a panela em fogo baixo, acrescente o açúcar, o sal e a manteiga e cozinhe por mais 15 a 20 minutos, mexendo de vez em quando. Depois, retire a panela do fogo, adicione as gemas, sempre mexendo, e, quando estiverem totalmente incorporadas, volte com o preparo ao fogo, mexendo constantemente, até ferver. Por fim, sirva em pratos ou taças e decore com a canela em pó.

ARRUFADAS DE COIMBRA

São uma espécie de pão-doce. Era tradição em Portugal a noiva, acompanhada pela mãe, ir apresentar o noivo aos familiares. Nestas visitas, o noivo e a noiva levavam de presente travessas ou açafates (pequenos cestos) muito bem decorados, que, em geral, guardavam arrufadas e lindos pratos de arroz-doce sem ovos. Oito dias depois, voltavam nas casas dos familiares para recuperarem as travessas. Neste momento, a família colocava nelas o presente de casamento. Até hoje, na estação de Coimbra, é comum verem-se mulheres vendendo arrufadas em cestos forrados com alvas toalhas brancas, assim como nas romarias populares.

INGREDIENTES

- 150 ml de leite
- 7 g de fermento de pão
- 1 kg de farinha de trigo
- 200 g de manteiga derretida
- 5 ovos
- 250 g de açúcar
- 1 colher (chá) de canela
- 3 gemas de ovo (para pincelar)
- 3 colheres (sopa) de leite (para pincelar)
- Manteiga (para untar)
- Farinha de trigo (para enfarinhar)

DECORAÇÃO

- 80 g de chocolate branco
- Açúcar de confeiteiro a gosto (opcional)
- Manteiga derretida a gosto (opcional)
- Coco ralado a gosto (opcional)

UTENSÍLIO

- 1 saco de confeiteiro

MÃOS À OBRA

Em uma panela, aqueça o leite. Ao ficar morno, acrescente o fermento e transfira para uma vasilha. Feito isso, acrescente a farinha de trigo, misture e agregue a manteiga derretida. Depois, coloque os ovos, um a um, o açúcar e a canela e envolva tudo muito bem, obtendo uma massa. Então, molde várias bolas de massa e deixe descansar por duas horas, até crescer. Em seguida, misture a gema com um pouco de leite e pincele as bolas. Na sequência, unte um tabuleiro com manteiga e polvilhe com farinha de trigo. Por fim, arrume nele as bolas de massa e asse em forno preaquecido à 200 °C, por cerca de 30 minutos. Se quiser, pode decorar a seu gosto, depois de esfriar.

DECORAÇÃO

Para decorar, derreta, primeiro, o chocolate branco no micro-ondas. Em seguida, coloque-o em um saco de confeiteiro, corte a pontinha e faça arabescos em cima das arrufadas já frias. Outras sugestões para a decoração são polvilhar só açúcar de confeiteiro ou pincelar a arrufada com manteiga derretida e salpicar o coco ralado.

BISCOITOS AMANTEIGADOS DE LARANJA

E o caldo... Que leve a panela! Eu [Gonçalo] tomo uma chávena de chá com biscoitos. E olhe! Mande também dez tostões à Críspola... Mande dois mil réis. Escute! Mas não lhe mande a galinha e o dinheiro assim secamente...

Eça de Queiroz, em *A ilustre casa de Ramires*

INGREDIENTES

- 3 ovos
- 500 g de manteiga
- 2 xícaras (chá) de açúcar
- 1 kg de farinha de trigo com fermento
- Raspas de casca de 3 laranjas
- Farinha de trigo (para enfarinhar)
- Manteiga (para untar)
- Açúcar (para polvilhar)

MÃOS À OBRA

Comece o preparo misturando todos os ingredientes até obter uma massa homogênea. Feito isso, polvilhe a superfície de trabalho com farinha de trigo e, sobre ela, abra a massa com um rolo, cortando em seguida no formato desejado. Depois, unte um tabuleiro com manteiga e arrume nele os biscoitos. Por fim, asse em forno preaquecido, em temperatura média. Ao retirar do forno, polvilhe açúcar sobre os biscoitos.

BISCOITOS AMANTEIGADOS DE LIMÃO

Assim ela [Lisboa] é, docemente cabeçuda. O que não impede que se arremesse com voracidade sobre todas essas Nanás, esse Pot-Bouille, brochados de amarelo, que declarou grosseiros e sujos! E a ponto que não tolera, e deixa cobrirem-se de bolor nas livrarias, os biscoitos inofensivos que os mestres lhe cozinham com a pura farinha do idealismo.

Eça de Queiroz, em *Notas contemporâneas*

INGREDIENTES

- 3 ovos
- 500 g de manteiga
- 2 xícaras (chá) de açúcar
- 1 kg de farinha de trigo com fermento
- Raspas da casca de 6 limões
- Açúcar a gosto (para polvilhar)

MÃOS À OBRA

Primeiro, em uma vasilha, coloque os ovos, a manteiga, o açúcar, a farinha de trigo com fermento e as raspas de limão e misture, até obter uma massa homogênea. Feito isso, abra a massa com um rolo e, depois, corte no formato desejado. Então, arrume em um tabuleiro untado e asse em forno preaquecido, à 180 °C, até ficarem dourados. Por último, retire do forno e polvilhe açúcar sobre os biscoitos.

BISCOITOS DE AZEITE

Macário ia sair.
– Oh! Burro, pois quer-se ir
[tio Francisco a Macário] desta sua casa?
E, indo a um pequeno armário, trouxe geleia, um covilhete
de doce, uma garrafa antiga do Porto e biscoitos.
– Coma!

Eça de Queiroz, em *Singularidades de uma rapariga loura*

INGREDIENTES

- 5 ovos
- 3 gemas de ovos
- 250 g de açúcar
- 1 colher (sobremesa) de canela em pó
- 250 ml de azeite de oliva
- 1 kg de farinha de trigo
- 1 ovo batido (para pincelar)
- Azeite de oliva q. b. (para untar)
- Açúcar a gosto (para polvilhar)
- Canela em pó (para polvilhar)

MÃOS À OBRA

Para esse preparo, primeiro, coloque na batedeira os cinco ovos inteiros, as três gemas de ovos, o açúcar e a canela em pó e bata até o açúcar estar dissolvido, formando uma massa homogênea. Depois, transfira para uma vasilha, acrescente o azeite de oliva, mexa com uma colher de pau e vá acrescentando a farinha de trigo, sempre mexendo vigorosamente, até obter uma massa consistente. Então, enfarinhe a bancada de trabalho e, sobre ela, abra a massa. Em seguida, corte-a em tiras. Na sequência, com as palmas das mãos, enrole as tiras de massa fazendo rolinhos e, depois, molde biscoitos bem roliços em formato de "oito". Então, pincele os biscoitos com ovo batido e reserve. Por fim, unte um tabuleiro com azeite de oliva, arrume os biscoitos e asse em forno preaquecido bem quente, por cerca de 20 minutos. Retire do forno e polvilhe açúcar e canela sobre os biscoitos.

BOLO DE MEL COM NOZES

Lourenço dirigia os jogos de besta e flecha, distribuindo fartamente as recompensas de bolos de mel e de vinhos em picheis.

Eça de Queiroz, em *A ilustre casa de Ramires*

INGREDIENTES

- 3 ovos
- 1 xícara (chá) de manteiga
- 2 xícaras (chá) de açúcar
- 1 xícara (chá) de mel
- 1 xícara (chá) de leite
- 3 xícaras (chá) de farinha de trigo
- 1 colher (sobremesa) de fermento em pó
- 1 xícara (chá) de nozes picadas grosseiramente
- Manteiga (para untar)
- Farinha de trigo (para polvilhar)

MÃOS À OBRA

Primeiro, separe as claras das gemas e reserve. Na batedeira, coloque a manteiga com o açúcar e bata muito bem. Depois, adicione, sempre batendo, as gemas e o mel. Então, desligue a batedeira, acrescente o leite, a farinha de trigo e o fermento e misture. Separadamente, bata as claras em neve, e junte à massa. Depois, acrescente as nozes, envolvendo bem, sem bater. Em seguida, unte uma fôrma muito bem com manteiga, polvilhe farinha de trigo e preencha com a massa. Por fim, asse em forno preaquecido a 180 °C, por cerca de 30 a 40 minutos.

BOLO DE QUEIJO DE CABRA E AMÊNDOA

Nem só de doces conventuais vive Portugal! Sua glória doceira também reside na ancestralidade dos doces populares e na variedade de ingredientes rurais frescos que as famílias tinham a possibilidade de usar. Nas quintas, criavam-se animais, extraía-se o leite e o transformavam em queijos, colhiam-se os frutos e os transformavam em doces e compotas, pegavam os ingredientes e os guardavam em conservas, para a subsistência diária da família. Os doces populares foram se enraizando, criando tradições. Em dias de festa, neste caso aqui, se juntam aos ingredientes da receita outros mais sofisticados, como as amêndoas. Este bolo de requeijão é muito leve e de sabor sofisticado, mas é uma receita popular rural. Afinal, quem não tinha umas ovelhinhas para chamar de suas?

INGREDIENTES

- 250 g de açúcar
- 150 g de amêndoa sem pele moída
- 1 ricota fresca de ovelha ou "buchette" de cabra
- 6 gemas de ovos

MÃOS À OBRA

Comece o preparo colocando o açúcar em uma panela, cobrindo com água e levando ao fogo até obter uma calda em ponto de pérola. Então, acrescente as amêndoas moídas, envolva bem e retire do fogo. Com um garfo, desfaça a ricota ou o "buchette" e junte ao preparado anterior. Espere esfriar um pouco e, uma a uma, junte as gemas cuidadosamente para não talhar. Deixe esfriar e leve ao forno preaquecido à 180 °C, para assar.

DICA: *Gosto de pôr o grill a 100% e deixar gratinar por cerca de cinco minutos.*

BROAS CASTELARES

Velhas faziam [Praça da Sé, Leiria] pregão por trás dos seus tabuleiros de cavacas; e os pobres, afreguesados à cidade, choramingavam Padre-Nossos pelas esquinas.

Eça de Queiroz, em *O crime do padre Amaro*

INGREDIENTES

CALDA
- 500 ml de água
- 150 g de açúcar mascavo

MASSA
- 750 g de batata-doce cozida sem pele
- 300 g de farinha de milho
- 175 g de amêndoa torrada e processada
- 75 g de mel
- 3 ovos batidos
- 1/2 limão (raspas)
- 1/2 laranja (raspas)
- Manteiga (para untar)
- Farinha de trigo (para polvilhar o tabuleiro)
- 3 gemas de ovo (para pincelar)
- 2 colheres (sopa) de leite (para pincelar)

MÃOS À OBRA

CALDA
Primeiro, coloque, em uma panela, a água e o açúcar mascavo, e leve ao fogo, deixando ferver até obter uma calda em ponto de pérola. Depois, retire do fogo e reserve.

MASSA
Em um processador, coloque a batata-doce cozida e processe. Depois, transfira a batata para uma vasilha e adicione a farinha de milho, as amêndoas, o mel, os ovos, as raspas de limão e de laranja e a calda de açúcar reservada. Então, misture-os até todos os ingredientes estarem bem envolvidos, fazendo uma massa. Feito isso, pegue porções dessa massa, modele pequenas broinhas pontiagudas e arrume em um tabuleiro untado com manteiga e polvilhado com farinha de trigo. Em seguida, misture as gemas com o leite e pincele cada uma das broas. Por último, asse em forno preaquecido à 180 °C, até que fiquem douradinhas. Retire do forno e deixe esfriar antes de servir.

FERRADURA

Bolos em formato de ferradura são uma das lembranças tradicionais que os noivos oferecem aos convidados, na região do Ribatejo. Além de presente para os convidados, as ferraduras sempre estiveram nas festas religiosas e nas feiras semanais do interior de Portugal. Elas fazem parte do receituário rural do país!

INGREDIENTES

- 1,250 kg de farinha de trigo
- 750 g de açúcar
- Raspa de 2 limões-sicilianos
- 8 g de erva-doce
- 1 colher (sobremesa) de bicarbonato de sódio
- 1/2 colher (sopa) de sal
- 65 g de fermento biológico
- 200 ml de água morna
- 125 g de manteiga
- 125 g de banha de porco
- 2 ovos
- 1 colher (sobremesa) de canela em pó
- Manteiga (para untar)
- Farinha de trigo (para enfarinhar)
- 2 gemas (para pincelar)

MÃOS À OBRA

Em uma vasilha, misture a farinha, o açúcar, a raspa de limão-siciliano, a erva-doce, o bicarbonato e o sal. Depois, abra um buraco, coloque o fermento e desfaça-o com a água morna. Cubra com um pouco da mistura que se encontra em volta e deixe repousar cerca de 10 minutos. Enquanto isso, em uma panela, junte a manteiga e a banha de porco e derreta. Então, transfira para a vasilha em que a massa está sendo trabalhada e acrescente, também, os ovos e a canela. Feito isso, amasse até ligar todos os ingredientes e obter uma massa lisa e elástica, que se solte das paredes da vasilha. Sove muito bem e molde em bola; cubra com um pano de prato e deixe fermentar em local aquecido, durante pelo menos uma hora, ou até a massa dobrar de volume. Então, volte a amassar e divida a massa em pequenas porções do tamanho de uma laranja. Depois, molde em formato de ferradura. Em seguida, unte um tabuleiro com manteiga, polvilhe com farinha de trigo e arrume as "ferraduras" nele, deixando bom espaço entre elas. Cubra, então, com um pano e deixe descansar novamente por 45 minutos. Por fim, pincele as ferraduras com as gemas de ovos e asse em forno preaquecido, a 180 °C, por cerca de 45 minutos. Vá fazendo o teste do palito e, quando sair seco, estará pronto.

MARMELADA DE ODIVELAS

Madre Paula, do Convento de Odivelas, foi a amante mais famosa do rei D. João V. Paula Teresa da Silva (1701-1768), nome de batismo da madre, foi uma garota namoradeira e rebelde, que fez votos de noviça aos 16 anos, quando o pai a colocou no convento. Na época, jovens rebeldes eram enviadas para os conventos! Com essa idade, Paula já era amante de um conde, mas a paixão avassaladora veio um pouco mais tarde, e foi pelo rei.

O Convento de Odivelas era conhecido pelos delitos amorosos das freiras, mas também por sua arte culinária: talvez para quebrar a monotonia, as freiras preparavam doces sem fim com o intento de deleitar quem as visitava.

Paula, descrita como "uma rapariga bonita, elegante e vistosa", tornou-se freira em 1718 e, nesse mesmo ano, não se sabe se na festa do Desagravo do Santíssimo Sacramento ou na tourada comemorativa do casamento de um nobre, conheceu o rei D. João V. Foi amor à primeira vista. Apaixonado, o rei transformou-a em sua favorita, visitando-a quase todas as noites. Sabia-se que o rei tinha enorme apetite à mesa, por isso madre Paula recebia o amante com docinhos, especialmente os "quadrados de marmelada" que fazia. Dizem as más línguas que até chegaram a prepará-los juntos, mas não importa: os quadradinhos mágicos embalaram este amor e uma luxúria conventual que rendeu filhos, entre várias outras benesses!

INGREDIENTES

- 1,5 kg de marmelo
- 500 ml da água de cozimento dos marmelos (coada)
- 2 kg de açúcar

MÃOS À OBRA

Primeiro, corte os marmelos em quatro pedaços e coloque-os em uma tigela com água fria. Então, retire as cascas e os caroços, coloque a polpa de molho na água fria e deixe descansar por duas horas. Depois, escorra bem e volte a colocar as frutas de molho, por mais seis horas, trocando a água fria a cada duas horas. Feito isso, retire do molho, lave bem os pedaços de marmelo e coloque-os em uma panela cobertos com água fria. Em seguida, leve os marmelos a fogo brando, até estarem bem cozidos. Então, retire do fogo, escorra e reserve 500 ml da água de cozimento. Depois, passe a polpa por uma peneira com a ajuda de um garfo (essa é a parte mais delicada) e, com um fouet, envolva bem a polpa, fazendo um polme (uma massa de consistência mole). Enquanto isso, em uma panela, coloque a água de cozimento coada, acrescente o açúcar e deixe ferver, até obter uma calda em ponto de pérola. Nessa altura, junte o polme de marmelo e deixe no fogo, sempre mexendo, até começar a ferver de novo. Retire do fogo e, com o fouet, vá batendo até a marmelada estar fria. Em seguida, transfira para uma vasilha refratária quadrada (previamente esterilizada), cubra com papel-manteiga e deixe descansar por dois ou três dias em temperatura ambiente. A marmelada estará pronta quando estiver bem firme, em ponto de corte. Para desenformar, cubra a bancada de trabalho com o papel-manteiga e vire a vasilha refratária sobre ele. Corte em quadrados e passe-os no açúcar.

PÃO DE LÓ DE MARGARIDE

Foi em uma região entre o Douro e o Minho que o pão de ló de Margaride teve sua origem. Há dois séculos, Clara Maria começou o fabrico do "pão leve", como era chamado àquela altura, e desenvolveu um bolo de características únicas. A receita, passada de geração em geração, é assada em enormes fôrmas de barro, o que acresce charme ao já consagrado sabor. Desde o início, o negócio prosperou: a Clara, juntaram-se Antónia Felix e Leonor Rosa. Com a morte de Antónia, Leonor assumiu a produção e foi morar na freguesia de Felgueiras, perto de Margaride.

Leonor foi fundamental para a expansão do negócio. Há quem atribua a ela a invenção do nome pão de ló, emprestado de seu primeiro marido, José Ló. Em dezembro de 1888, foi conferida a Leonor a honraria de ser fornecedora da Real e Ducal Casa. Mais tarde, o rei D. Carlos, atribuiria alvará à casa onde o pão de ló era produzido. Assim, o negócio de Leonor Rosa passou a ser conhecido como a confeitaria da Vila de Margaride, no Concelho de Felgueiras. Como continua a fornecer para a Casa Real, pode, por isso, colocar as armas reais portuguesas no portão de entrada do seu estabelecimento. Ainda hoje, a confeitaria de Leonor Rosa da Silva está aberta ao público, fabricando os gostosos pães de ló de Margaride.

INGREDIENTES

- 30 gemas de ovos peneiradas
- 6 claras de ovos
- 450 g de açúcar
- 200 g de farinha de trigo peneirada
- Manteiga (para untar generosamente)

UTENSÍLIOS

- 1 fôrma grande de furo no meio

MÃOS À OBRA

Em uma batedeira, junte as gemas, as claras e o açúcar e bata, na potência máxima, por cinco minutos. Adicione, em seguida, a farinha de trigo peneirada e, com uma colher, envolva delicadamente. Depois, unte a fôrma com manteiga, forre com três ou quatro camadas de papel-manteiga e unte, também com manteiga, a última camada de papel. Então, preencha com a massa e asse em forno preaquecido a 200 °C, por 50 minutos. Ao retirar do forno, desenforme o pão de ló imediatamente.

PARIDAS

Paridas, fatias douradas ou rabanadas são nomes para a mesma iguaria, mas que determinam algumas pequenas variações: as fatias douradas são cozidas em calda de açúcar com canela e limão; enquanto as paridas e as rabanadas são fritas. Em comum, todas são doces típicos das consoadas, como são chamadas as ceias natalinas nos lares de Portugal. Quitute de preço modesto, era feito inicialmente do aproveitamento do pão duro que sobrava do dia anterior e, transformado, voltava à mesa dos menos abastados. Assim, tornou-se um doce icônico de todas as mesas, de ricos e pobres na noite de Natal.

INGREDIENTES

CALDA DE CANELA

- 2 xícaras (chá) de açúcar
- 1 colher (chá) de canela
- 250 ml de leite

PARIDAS

- 1 pão de rabanada
- 1 litro de leite integral
- 2 tiras de cascas de limão
- 1 pau de canela
- 5 ovos batidos
- Açúcar a gosto (para finalizar)
- Óleo (para fritar)

MÃOS À OBRA

CALDA DE CANELA

Em uma panela, coloque o açúcar e a canela e leve ao fogo, mexendo sempre, até dissolver. Junte o leite, mantenha no fogo, mexendo, até formar uns torrões. Depois, transfira para o liquidificador e bata.

PARIDAS

Deixe o pão adormecer por dois ou três dias antes de fazer o doce. Na hora do preparo, corte o pão em fatias com dois centímetros de espessura e reserve. Enquanto isso, em uma panela, coloque o leite, as cascas de limão e o pau de canela e leve ao fogo até levantar fervura. Depois, transfira para uma pequena travessa ou prato fundo. Em outros três pratos, arrume: os ovos batidos, em um deles; o papel-toalha, em outro; e o açúcar misturado com canela, no terceiro. Então, passe as fatias de pão pelo leite morno, deixando embeber cerca de cinco segundos de cada lado. Passe, em seguida, pelo ovo, também dos dois lados. Então, frite em uma panela ou frigideira com pelo menos três dedos de óleo, de duas em duas fatias. Deixe dourar de ambos os lados, retire e repouse em papel-toalha (que convém ir trocando com regularidade). Depois de bem escorridas, passe pelo açúcar, não se esquecendo de cobrir as laterais do pão.

FINALIZAÇÃO

Arrume em um prato de servir e regue com calda de canela.

PASTÉIS DE FEIJÃO

Os pastéis de feijão foram criados na cidade de Torres Vedras, nas proximidades de Lisboa, no século XIX. A autora do doce chamava-se Joaquina Rodrigues, e sua receita só se tornou conhecida graças a uma parente de Joaquina, que começou a comercializar os pastéis, sempre preparados com feijão e amêndoas. São típicos da cidade de Torres Vedras até hoje e fabricados nas pastelarias locais. Além de suprassumo da tradição da região, são uma delícia!

INGREDIENTES

RECHEIO

- 100 g de gema de ovo
- 50 g de clara de ovo
- 200 ml de água
- 500 g de açúcar
- 350 g de feijão branco cozido e processado
- 100 g de amêndoa torrada e processada
- 20 g de farinha de trigo
- 40 g de manteiga

FINALIZAÇÃO

- Manteiga (para untar)
- Farinha de trigo (para polvilhar)
- 600 g de massa folhada
- Gema de ovo (para pincelar)
- Açúcar de confeiteiro (para polvilhar)

UTENSÍLIO

- 15 forminhas de empada

MÃOS À OBRA

RECHEIO

Primeiro, bata as gemas com as claras e reserve. Enquanto isso, em uma panela, coloque a água e o açúcar para ferver por cinco minutos. Com o fogo desligado, na mesma panela, junte, delicadamente, o purê de feijão, a amêndoa, a farinha de trigo, a manteiga e as gemas e claras batidas. Depois, coloque no fogo e, quando ferver, retire e deixe esfriar.

FINALIZAÇÃO

Comece o processo, untando as forminhas com manteiga e polvilhando com farinha de trigo. Depois, abra a massa folhada, corte círculos nela, forre as forminhas e pincele com gema de ovo. Então, leve ao forno preaquecido a 180 °C, por cerca de 15 minutos. Retire do forno, preencha as forminhas com o recheio e volte para o forno por mais 10 minutos. Feito isso, retire novamente do forno, desenforme com cuidado e polvilhe açúcar.

PUDIM DE VELUDO DA MADEIRA

O aroma do açúcar sempre foi parte integrante de um imaginário de riqueza, de mesas de reis e rainhas, e, antigamente, para os ocidentais, essas eram riquezas que vinham do Oriente. Este pudim, além da sua simplicidade, tem no nome uma inspiração nas Grandes Navegações dos portugueses, que foram à procura das riquezas orientais, tanto para confeccionar opulentas vestes quanto para colocar na mesa os ingredientes mais nobres.

INGREDIENTES

- 9 ovos
- 375 g de açúcar
- 750 ml de leite morno
- Raspa da casca de 1 limão
- 150 g de açúcar (para o caramelo)

UTENSÍLIO

- 1 fôrma de bolo inglês grande

MÃOS À OBRA

Primeiro, separe as gemas das claras. Na batedeira, coloque as gemas e o açúcar e bata até obter uma mistura volumosa e fofa. Então, adicione, aos poucos, o leite morno e a raspa da casca de limão e envolva. Separadamente, bata as claras em neve e junte ao preparo anterior, misturando tudo muito bem. Em seguida, em uma panela, coloque o açúcar com um pouco de água e deixe no fogo, até obter um caramelo. Transfira, então, para uma fôrma, cobrindo muito bem o fundo. Depois, preencha com o creme e cubra com papel-alumínio. Feito isso, coloque água em um tabuleiro e, dentro dele, arrume a fôrma. Por fim, asse em banho-maria, no forno preaquecido a 200 °C. Retire do forno e deixe esfriar para, depois, desenformar.

QUEIJADAS DE SINTRA

Ega ia largar atarantadamente o embrulho, para apertar a mão que Maria Eduarda lhe estendia, corada e sorrindo. Mas o papel pardo, mal atado, desfez-se; e uma provisão fresca de queijadas de Sintra rolou, esmagando-se sobre as flores do tapete. Então todo o embaraço findou através de uma risada alegre...

Eça de Queiroz, em *Os Maias*

Pregão: olha a bela queijadinha de Sintra! Queijadinhas pequenas e cheias de sabor. Vendidas em cilindros de papel-cartão e embrulhadas em papel pardo. Ou ainda, imitando coisas boas de antigamente, com o selo da Periquita, pastelaria tradicional da cidade de Sintra. Este pequeno tesouro da doçaria portuguesa remonta ao século XIII, quando as queijadas eram produto alimentar de tamanha importância que até figuravam como pagamento de foros. Documentos arquivados na Torre do Tombo, em Lisboa, testemunham a utilização das queijadas como moeda de troca no fechamento de contratos. A lendária Maria Sapa foi quem iniciou a industrialização do fabrico das queijadas, em 1756, e sua marca se manteve até os nossos dias. Os fidalgos que naquela época iam em viagem de Lisboa a Sintra não perdiam a chance de consumir aqueles bolinhos pequenos com massa crocante e perfume de canela. Eça de Queiroz não resistiu a eternizá-las no seu romance *Os Maias*!

INGREDIENTES

MASSA

- 500 g de farinha de trigo
- 2 colheres (sopa) de manteiga ou banha de porco aquecida
- Água q. b. (para dar liga na massa)
- Sal a gosto

RECHEIO

- 800 g de queijo fresco (minas frescal)
- 700 g de açúcar
- 8 gemas
- 120 g de farinha de trigo
- 2 colheres (café) de canela em pó

UTENSÍLIO

- 24 forminhas de fundo abaulado

MÃOS À OBRA

MASSA

Para esse preparo, comece peneirando a farinha de trigo. Depois, despeje-a sobre a superfície de trabalho e arrume em um pequeno monte. Feito isso, abra um pequeno buraco no centro do monte, acrescente a manteiga ou banha de porco quente e misture muito bem. Em seguida, adicione, aos poucos, água morna temperada com sal e amasse. Sove bem a massa, cubra com um pano seco e – eis o truque – ponha outro pano molhado por cima. Deixe descansar de um dia para o outro.

RECHEIO

Primeiro, em um processador, triture o queijo até que ele ganhe a consistência de purê. Feito isso, em um vasilhame, junte ao purê o açúcar, as gemas, a farinha de trigo e a canela, misture tudo muito bem e reserve.

FINALIZAÇÃO

Polvilhe farinha de trigo sobre um rolo e abra a massa, deixando-a muito fina. Então, corte-a em círculos de 9 cm de diâmetro e, com uma tesoura, dê quatro golpes nas bordas da massa para juntar e ficarem mais lisas com formato de cestinha. Então, forre as forminhas com esta massa e ajuste os círculos nesses 4 cortes nas extremidades. Depois, preencha as fôrmas com o recheio. Por último, asse em forno preaquecido em temperatura bem alta, por cerca de 15 minutos.

ROSCA REAL
A minha inspiração de bolo rei

Esta é uma receita tradicional francesa, o *gâteau des rois*, que servia para celebrar as festas de fim de ano e o Dia de Reis. O preparo foi adaptado e trazido para Portugal na segunda metade do século XIX, pelas mãos de Baltazar Rodrigues Castanheiro Júnior, herdeiro do fundador da Confeitaria Nacional, em Lisboa, a primeira a confeccionar a receita no país. O bolo rei é cheio de simbologia. Tradicionalmente, tinha presentes e fava na sua massa, o que fazia a alegria de grandes e pequenos que ficavam ansiosos para que a fatia que lhes cabia viesse com o mimo, e nunca com a fava! Até hoje o bolo rei acompanha as nossas tradições alimentares das festas natalinas e de Ano-Novo, que culminam nos festejos do Dia de Reis!

INGREDIENTES

MASSA

- 5 gemas
- 2 xícaras (chá) de leite
- 3 colheres (sopa) de açúcar
- 1 pitada de sal
- 50 g de fermento de pão
- Farinha de trigo q. b. (para dar ponto)

RECHEIO

- 4 colheres (sopa) de manteiga
- 6 colheres (sopa) de açúcar
- 1/2 lata de leite condensado (197,5 g)
- 100 g de nozes
- 100 g de amêndoa picada
- 1 pequeno presente alusivo à data comemorativa

FINALIZAÇÃO

- 1/2 lata de leite condensado
- Nozes a gosto laminadas
- Amêndoas sem pele a gosto laminadas
- Frutas cristalizadas a gosto

UTENSÍLIO

- 1 fôrma de furo no meio

MÃOS À OBRA

MASSA

Em uma vasilha, junte as gemas, o leite, o açúcar, o sal e o fermento, misture e vá agregando farinha de trigo, até obter o ponto de massa. Reserve e deixe crescer por 40 minutos.

RECHEIO

Em uma panela, derreta a manteiga e acrescente o açúcar, o leite condensado, as nozes e as amêndoas picadas. Mexa até levantar fervura e retire do fogo. Ao distribuir o recheio sobre a massa, coloque o pequeno presente.

FINALIZAÇÃO

Primeiro, abra a massa com um rolo. Depois, forre o fundo e a lateral de uma fôrma de furo no meio com a massa. Feito isso, distribua um pouco do recheio e cubra com nova camada de massa. Repita o processo, entremeando recheio e massa até a fôrma estar quase totalmente preenchida. A última camada, no topo da fôrma, deve ser de massa. Então, pincele com leite condensado e distribua de modo decorativo nozes, amêndoas e frutas cristalizadas.

TECOLAMECO

Receita de nome simpático, o tecolameco é de um doce conventual típico da cidade do Crato, situada na região do Alto Alentejo. Reza a lenda que no Castelo do Crato, construção da época medieval, foi encontrado um livro antigo que revelava o sentido da vida e todas as suas páginas estavam em branco, exceto uma, que trazia a receita do doce tecolameco. Por que o nome de tecolameco? O mistério continua até hoje, e, enquanto não é decifrado, vamos aproveitando e devorando esta delícia!

INGREDIENTES

- 250 ml de água
- 500 g de açúcar
- 1 pau de canela
- 250 g de farinha de amêndoa
- 30 g de manteiga
- 1 colher (chá) de canela em pó
- 10 gemas de ovos
- 2 ovos
- Manteiga a gosto (para untar)
- Farinha (para polvilhar)
- Açúcar de confeiteiro ou glacê (para decorar)

UTENSÍLIO

- 1 fôrma redonda, sem furo no meio

MÃOS À OBRA

Em uma panela, coloque a água, o açúcar e o pau de canela e leve ao fogo, até obter uma calda em ponto de pérola. Então, retire do fogo e descarte o pau de canela. Depois, acrescente a farinha de amêndoa e a manteiga e volte para o fogo baixo, mexendo sempre até ficar espesso. Feito isso, transfira o preparado para uma vasilha e deixe esfriar. Em seguida, junte a canela, as gemas e os ovos e misture. Em sequência, unte uma fôrma com manteiga, coloque papel-manteiga, unte de novo e polvilhe com farinha. Por fim, preencha a fôrma com o preparado e asse em forno preaquecido à 180 °C por aproximadamente 45 minutos. Deixe esfriar, desenforme e decore com açúcar de confeiteiro ou glacê.

BIBLIOGRAFIA

ALVES, Dário Moreira de Castro. *Era tormes e amanhecia*. Rio de Janeiro: Editora Nórdica, 1992.

BERRINI, Beatriz. *Comer e beber com Eça de Queiroz*. Lisboa: Alêtheia Editores; Fundação Eça de Queiroz, 2014.

BERRINI, Beatriz. Eça de Queiroz e os prazeres da mesa. *Cátedra Padre António Vieira de Estudos Portugueses*, Rio de Janeiro, PUC-Rio. Disponível em: http://catedravieira-ic.letras.puc-rio.br/obra/4/eca-de-queiroz-e-os-prazeres-da-mesa. Acesso em: 26 ago. 2024.

COUTO, Mia. *O fio das missangas*. São Paulo: Companhia das Letras, 2009.

FREYRE, Gilberto. *Açúcar*: uma sociologia do doce, com receitas de bolos e doces no Nordeste do Brasil. São Paulo: Companhia das Letras, 1997.

GOUCHA, Manuel Luís. *Em banho-manel*: comeres, dizeres e beberes. Lisboa: Editora Ália, 1983.

MAIA, Carlos Bento da. *Tratado de cozinha e copa*. Lisboa: Guimarães & Cª, 1904.

MODESTO, Maria de Lourdes. *O meu livro de cozinha*. Lisboa: Editora Verbo, [195-?].

PLANTIER, Paul. *O cozinheiro dos cozinheiros*. Lisboa: P. Plantier editor, 1905.

QUEIROZ, Eça de. "De cozinha arqueológica". *In: Notas Contemporâneas*. Porto: Lello & Irmão, 1913.

QUEIROZ, Eça de. *Os Maias:* episódios da vida romântica - vol. 1. Porto: Livraria Internacional de Ernesto Chardron, 1888.

QUITÉRIO, José. *Histórias e curiosidades gastronómicas*. Lisboa: Editora Assirio e Alvim, 1992.

QUITÉRIO, José. *Livro de bem comer*: crónicas de gastronomia portuguesa. Lisboa: Editora Assirio e Alvim, 1987.

REVEL, Jean-François. *Um banquete de palavras*. São Paulo: Companhia das Letras, 1996.

RIBEIRO, Emanuel. *O doce nunca amargou*. Sintra: Colares Editora, 1997.

ROSA-LIMPO, Bertha. *Livro de Pantagruel*. Lisboa: Soc. Nacional, 1945.

SANTOS, Laura. *A mulher na sala e na cozinha*. Lisboa: Editorial Lavores, [195-?]

SANTOS, Laura. *Tratado completo de culinária*. Lisboa: Editorial Lavores, 1950. Coleção O mestre cozinheiro.

SILVA, António. *Doçaria conventual portuguesa*. Lisboa: Texto Editores, 2005.

ÍNDICE DE RECEITAS

Aletria doce 169
Ambrosia 133
Amêndoas do céu 27
Areias de Cascais 171
Arroz-doce de Santo António 173
Arroz-doce do meu pai 79
Arrufadas de Coimbra 176
Azevias da tia Maria do Carmo 81
Baba de camelo 85
Barriga de freira de Arouca 135
Biscoitos amanteigados de laranja 179
Biscoitos amanteigados de limão 181
Biscoitos de azeite 183
Bolachas amanteigadas
   de amêndoas 31
Bolas de Berlim 87
Bolo de ananás do meu pai 33
Bolo de bolacha 91
Bolo de mel com nozes 185
Bolo de mel da Madeira 95
Bolo de queijo de cabra e amêndoa.... 187
Bombons de chocolate, figos
   e amêndoas 99
Brisas do Liz do Piteca 101
Broas castelares 189
Cornucópias de Alcobaça 137
Coscorões 34
Crocante de maçã da Inês 103
Doce de abóbora da Tixa 105
Dos deuses 109
Farófias 37
Fatias à Pompadour 111
Ferradura 190
Fios de ovos 141
Fofo de limão 39
Fofos de Belas 112
Leite creme à moda lá de casa 143

Madalenas 41
Marmelada de Odivelas 193
"Molotov" com ovos-moles 45
Mousse de chocolate e hortelã 115
Natas do céu 144
Ouriços bebês 49
Ovos-moles de Aveiro 147
Ovos-moles (mas à minha moda) 51
Pão de ló de Alfeizerão
   (de colher) 53
Pão de ló de Margaride 196
Papos de anjo 149
Paridas 198
Pastéis de feijão 200
Pastéis de Tentúgal 150
Pastel de nata 152
Pudim abade de Priscos 155
Pudim de laranja lá de casa 55
Pudim de ovos e coco da Gracinda 57
Pudim de requeijão (ricota fresca) 117
Pudim de veludo da Madeira 203
Queijadas de Sintra 205
Rosca Real 208
Salame de chocolate 59
Semifrio de natas e frutas
   vermelhas 118
Sonhos de cenoura 61
Sopa dourada conventual 159
Suspiros da avó Cacilda 63
Tarte de amêndoas da Nuxinha 121
Tecolameco 211
Terrine de chocolate 125
Torta de caramelo da avó Cacilda 67
Torta (rocambole) de laranja 65
Torta de maçã 69
Toucinho do céu 161
Travesseiro de noiva 71

A Editora Senac Rio publica livros nas áreas de Beleza e Estética,
Ciências Humanas, Comunicação e Artes, Desenvolvimento Social,
Design e Arquitetura, Educação, Gastronomia e Enologia,
Gestão e Negócios, Informática, Meio Ambiente,
Moda, Saúde, Turismo e Hotelaria.

Visite o site www.rj.senac.br/editora,
escolha os títulos de sua preferência e boa leitura.

Fique atento aos nossos próximos lançamentos!

À venda nas melhores livrarias do país.

Editora Senac Rio
Tel.: (21) 2018-9020 Ramal: 8516 (Comercial)
comercial.editora@rj.senac.br

Fale conosco: faleconosco@rj.senac.br

Este livro foi composto nas tipografias
Bodoni Egyptian Pro e ITC Century
e impresso pela Coan Indústria Gráfica Ltda.,
em papel *couchê matte* 150 g/m²,
para a Editora Senac Rio, em março de 2025.